春秋公羊經傳解詁　文公第六

何休學

元年春王正月公即位二月癸亥朔日有食之（是後楚世子商臣弑其君楚滅江六狄比侵中國）天王使叔服來會葬其言來會葬何（據奔喪以非禮書歸含且賵不言來）會葬禮也（但解會葬者明言來者常文不為早晚施也常事書者文公不肖諸侯莫肯會之故書天子之厚以起諸侯之薄蓋以長補短也叔服者王子虎也服者字也叔者長幼稱也不繫王者不以親疏録也不稱王子者時天子諸侯不務求賢而專貴親親故尤其在位子弟刺其早任以權也魯得言公子者方録異辭故獨不言之也諸侯得言子弟者一國失賢輕）夏四月丁巳葬我君僖公天王使毛伯來錫公命錫者何賜也命者何加我服也（復發傳者嫌禮與桓公同死生

異也王書者惡天子也古者三載考績三考黜陟幽明文公新即位功未足施而錫之非禮也）晉侯伐衛叔孫得臣如京師（書者與莊二十五年同知不為喪聘書者聘爲貢職天子當得異方之物以事宗廟又欲以知君父無恙不以喪廢故不譏也如他國就不三年一譏而已）衛人伐晉秋公孫敖會晉侯于戚冬十月丁未楚世子商臣弑其君髡（楚無大夫言世子者甚惡世子弑父之禍也不言其父言其君者君之於世子有父之親有君之尊言世子者所以明有父之親言君者所以明有君之尊又責臣子當討賊也日者夷狄子弑父忍言其日）公孫敖如齊（書者譏喪娶吉凶不相干）

二年春王二月甲子晉侯及秦師戰于彭衙秦師敗績（稱秦師者惡其將前以不用賢者之言匹馬隻輪無反者今復重師敗績師敵君不正者賤之不嫌得敵君）丁丑作僖公主作僖公主者何爲

僖公作主也為僖公廟作主也主狀正方穿中央達四方天子長尺二寸諸侯長一尺主者
曷用虞主用桑禮平明而葬日中而反虞以陽求陰謂之虞者親喪以下壙皇皇無所親求而
虞事之虞猶安神也用桑者取其名與其麤觕所以副孝子之心禮虞祭天子九諸侯七卿大夫五士三其奠猶吉祭練
主用栗謂期年練祭也埋虞主於兩階之間易用栗也夏后氏以松殷人以柏周人以栗松猶容也想見其
容貌而事之主人正之意也柏猶迫也親而不遠主地正之意也栗猶戰栗謹敬貌主天正之意也禮士虞記曰桑主不文吉
主皆刻而謚之蓋為禘祫時別昭穆也虞主三代同者用意尚麤觕未暇別也用栗者藏主也
藏于廟室中當所當奉事也質家藏于堂作僖公主何以書據作餘公主不書譏
何譏爾不時也其不時柰何欲久喪而後不
能也禮作練主當以十三月文公亂聖人制欲服喪三十六月十九月作練主又不能卒竟故以二十五月也日者
重失禮鬼神三月乙巳及晉處父盟此晉陽處父

也何以不氏據晉陽處父伐楚救江諱與大夫盟也諱去氏者使若
得其君如經言邾婁儀父矣不沒公者起公就於晉也日者起公盟也俱沒公齊高傒不使若得其君者親就其國恥不
得其君故使若得其君也如晉不書不致者深諱之夏六月公孫敖會宋公
陳侯鄭伯晉士縠盟于垂斂盟不日者欲共盟誅商臣雖不能誅
猶為疾惡故也褒與信辭也不如匹匹兩舉會盟詳錄之者時實即盟會禮不成自十有二月
不雨至于秋七月何以書記異也以不言旱大旱
以災書此亦旱也曷為以異書大旱之日
短而云災云言也言有災故以災書此不雨之日長
而無災故以異書也此祿去公室政在公子遂之所致也不就莊三十一年發傳者
此最甚事著八月丁卯大事于大廟躋僖公大事

者何大祫也（以言大與有事異文從僖八年禘數之知爲大祫）大祫者何合祭也其合祭柰何毀廟之主陳于大祖（毀廟謂親過高祖毀其廟藏其主于大祖廟中禮取其廟室笮以爲死者炊沐大祖周公之廟陳者就陳列大祖前大祖東鄉昭南鄉穆北鄉其餘孫從王父父曰昭子曰穆昭取其鄉明穆取其北面尚敬）未毀廟之主皆升合食于大祖（自外來曰升）五年而再殷祭（殷盛也謂三年祫五年禘禘所以異於祫者功臣皆祭也祫猶合也禘猶諦也審諦無所遺失禮天子特禘特祫諸侯禘則不礿祫則不嘗大夫有賜於君然後祫其高祖）躋者何升也何言乎升僖公（據禘于大廟不道所升）譏何譏爾逆祀也其逆祀柰何先禰而後祖也（升謂西上禮昭穆指父子近取法春秋惠公與莊公當同南面西上隱桓與閔僖亦當同北面西上繼閔者在下文公緣僖公於閔公爲庶兄置僖公於閔公上失先後之義故譏之傳曰後祖者僖公以臣繼閔公猶子繼父故閔公於文公亦猶祖也自先君言之隱桓及閔僖各當爲兄弟顧有貴賤耳自繼代言之有父子君臣之道此恩義逆順各有所施也不言吉祫者就不三年不復譏略爲下張本）

冬晉人宋人陳人鄭人伐秦公子遂如齊納幣納幣不書此何以書譏何譏爾譏喪娶也娶在三年之外則何譏乎喪娶（據逆在四年）三年之内不圖婚（僖公以十二月薨至此未滿二十五月又禮先納采問名納吉乃納幣此四者皆在三年之内故云爾）吉禘于莊公譏然則曷爲不於祭焉譏（據吉禘于莊公譏始不三年大事圖婚俱不三年大事猶從吉禘不從譏）三年之恩疾矣（疾痛）非虚加之也（非虚加責之）以人心爲皆有之（以人心恕皆有疾痛不忍娶）以人心爲皆有之則曷爲獨於娶焉譏（據孝子疾痛吉事皆不當爲非獨娶）

也娶者大吉也合二姓之好傳之於無窮故爲大吉非常吉也與大事異其
爲吉者主於己主於己身不如祭祀尚有念先人之心以爲有人心
焉者則宜於此焉變矣變者變慟哭泣也有人心念親者聞有欲爲己圖婚
則當變慟哭泣矣況乃至于納幣成婚哉
三年春王正月叔孫得臣會晉人宋人陳
人衞人鄭人伐沈沈潰夏五月王子虎卒
王子虎者何天子之大夫也外大夫不卒
此何以卒据原仲也新使乎我也王子虎即叔服也新爲王者使來會葬在葬後
三年中卒君子恩隆於親親則加報之故卒明當有恩禮也尹氏卒日此不日者在期外也名者卒從正秦人伐
晉秋楚人圍江雨螽于宋雨螽者何死而
墜也以先言雨也隊隋地也不言如雨言雨螽者本飛從地上而下至地似雨尤醇何以書記

異也外異不書此何以書爲王者之後記
異也螽猶衆也衆死而墜者羣臣將爭彊相殘賊之象是後大臣比爭鬭相殺司城驚逃子哀奔亡國家廓然無人
朝廷久空蓋猶三世內娶貴近妃族禍自上下故異之云爾冬公如晉十有二月
己巳公及晉侯盟晉陽處父帥師伐楚救
江此伐楚也其言救江何据兩之當先言救也非兩之當重出處父也生
事當言遂三者皆違例知後言救江起伐楚意故問之爲諼也諼詐其爲諼柰何
伐楚爲救江也救人之道當指其所之實欲救江而反伐楚以爲其勢必當引圍江兵當還自
救也故云爾孔子曰自古皆有死民無信不立
四年春公至自晉夏逆婦姜于齊其謂之

逆婦姜于齊何据不書逆者主名不言如齊不稱女略之也稱婦姜至文也逆與至共文故爲略高子曰娶乎大夫者略之也賤非所以奉宗廟故略之不書逆者主名不爲錄使也不言如齊者大夫無國也不稱女者方以婦姜見與至共文重至也不稱夫人爲致文者賤不可奉宗廟也不言氏者本當稱女女者父母辭君子不奪人之親故使從父母辭不言氏狄侵齊秋楚人滅江晉侯伐秦衛侯使甯俞來聘冬十有一月壬寅夫人風氏薨

五年春王正月王使榮叔歸含且賵含者何口實也孝子所以實親口也緣生以事死不忍虛其口天子以珠諸侯以玉大夫以碧士以貝春秋之制也文家加飯以稻米其言歸含且賵何据宰咺歸兩賵不言且也連賵何之者嫌据賵言歸兼之兼之非禮也且兼辭以言且知譏兼之也含言歸者時主持含來也去天者含者臣子職以至尊行至卑事失尊之義也不從含晚言來者本不當含也主書者從含也三月辛亥葬我小君成風成風者何僖公之母也風氏也任宿顓臾之姓王使召伯來會葬去天者不及事刺比失喪禮也夏公孫敖如晉秦人入鄀秋楚人滅六冬十月甲申許男業卒

六年春葬許僖公夏季孫行父如陳秋季孫行父如晉八月乙亥晉侯讙卒冬十月公子遂如晉葬晉襄公書遂者刺公生時數如晉葬不自行非禮也禮諸侯薨使大夫弔自會葬晉殺其大夫陽處父晉狐射姑出奔狄晉殺其大夫陽處父則狐射姑曷爲

出奔据蔡殺其大夫公子變蔡公子履出奔楚此非同姓恐見及射姑殺也以非恐見及知其殺射姑殺則其稱國以殺何君漏言也自上言泄下曰漏其漏言柰何君將使射姑將謂作中軍大夫陽處父諫曰射姑民衆不說不可使將於是廢將陽處父出射姑入君謂射姑曰陽處父言曰射姑民衆不說不可使將射姑怒出刺陽處父於朝而走明君漏言殺之當坐殺也易曰君不密則失臣臣不密則失身幾事不密則害成閏月不告月猶朝于廟不告月者何不告朔也禮諸侯受十二月朔政於天子藏于大祖廟每月朔朝廟使大夫南面奉天子命君北面而受之比時使有司先告朔愼之至也受於廟者孝子歸美先君不敢自專也言朝者緣生以事死親在朝朝莫夕已死不敢瀆鬼神故事必於朔者感月始生而朝曷爲不告朔据俱月也天無是月也閏月矣何以謂之天無是月是月非常月也所在無常故無政也猶者何通可以已也朝者因視朔政爾無政而朝故加猶不言朔者閏月無告朔禮也不言公者內事可知

七年春公伐邾婁三月甲戌取須朐取邑不日此何以日据取叢也內辭也使若他人然使若公春伐邾婁而去他人自以甲戌日取之時所取邑然後甚而日也今此一取而日故使若他人然所以深諱者邑之盟不見序并爲取邑故遂城郚主書者甚其生事困極師衆夏四月宋公王臣卒不書葬者坐殺大夫也不日者內娶略宋人殺其大夫何以不名据宋殺其大夫山名宋三世無大夫三世內娶也故使無大

夫戊子晉人及秦人戰于令狐晉先眛以師奔秦此偏戰也何以不言師敗績据秦師敗績敵也俱無勝負此晉先眛也其稱人何据奔無出文知先眛也貶曷爲貶据新築之戰衞孫良夫敗績不貶外也其外奈何以師外也懷持二心有功欲還無功便持師出奔故於戰貶之起其以師外也本所以懷持二心者其咎亦由晉侯要以無功當誅也不起者敵而外事可知也何以不言出据棐襲瓦俱戰而奔言出遂在外也起其生事我於竟外從竟外去狄侵我西鄙秋八月公會諸侯晉大夫盟于扈諸侯何以不序大夫何以不名序次也据新城盟諸侯序趙盾名公失序也公失序奈何諸侯不可使與公盟眣晉大夫使與公盟

也以目通指曰眣文公內則欲久喪而後不能喪娶逆祀外則貪利取邑爲諸侯所薄賤不見序故深諱爲不可知之辭不日者順諱爲善文也冬徐伐莒謂之徐者前共滅王者後不知尊先聖法度今自先犯文對事連可以起同惡莒在下不得狄故復狄徐也一罪再狄者明爲莒狄之爾徐先狄在僖十五年公孫敖如莒莅盟

八年春王正月夏四月秋八月戊申天王崩冬十月壬午公子遂會晉趙盾盟于衡雒乙酉公子遂會伊雒戎盟于暴四日不能再出不卒名者非一事再見也公孫敖如京師不至復丙戌奔莒不至復者何不至復者內辭也不可使往也安居不肯行故諱使若已行但不至還爾即已行當道所至乃言復如至黃矣不可使往

則其言如京師何遂公意也（正其義不使君命壅塞）何以不言出（據慶父言出奔）遂在外也（諱使若從外奔不敢復還者也日者嫌敖罪明則起君弱故諱使若無罪）螽（先是公如晉公子遂公孫敖比出不可使勢奪於大夫煩擾之應）宋人殺其大夫司馬宋司城來奔司馬者何司城者何皆官舉也（皆以官名舉言之天子有大司徒大司馬大司空皆三公官名也諸侯有司徒司馬司空皆卿官也宋變司空爲司城者辟先君武公名也）曷爲皆官舉（據宋殺其大夫山不官舉）宋三世無大夫三世內娶也（宋以內娶故威勢下流三世妃黨爭權相殺司城驚逃子哀奔亡主或不知所任朝廷久空故但舉官起其事也大夫相殺例皆時）

九年春毛伯來求金毛伯者何天子之大夫也何以不稱使（據南季稱使）當喪未君也（時王新有三年喪）踰年矣何以謂之未君（據崩在八年踰年當即位）即位矣而未稱王也未稱王何以知其即位以諸侯之踰年即位亦知天子之踰年即位也（俱繼體其禮不得異）以天子三年然後稱王亦知諸侯於其封內三年稱子也（合信忠於其）踰年稱公矣則曷爲於其封內三年稱子緣民臣之心不可一日無君緣終始之義一年不二君（故君薨稱子某既葬稱子明繼體以繫民臣之心）不可曠年無君（故踰年稱公）緣孝子之心則三年不忍當也（孝子三年志在思慕不忍當父位故）

雖即位猶於其封內三年稱子子張曰書云高宗諒闇三年不言何謂也孔子曰何必高宗古之人皆然君薨百官總己以聽
冢宰三年毛伯來求金何以書譏何譏爾王者無
求求金非禮也然則是王者與据未稱王曰非也
非王者則曷爲謂之王者王者無求曰是
子也雖名爲三年稱子者其實非唯繼父之位繼文王之體守文王之
法度文王之法無求而求故譏之也引文王者文王
始受命制法度夫人姜氏如齊奔父母之喪也不言奔喪者尊內循不言朝聘也故以致起得
禮也書者大夫家危重言如齊者大夫繫國二月叔孫得臣如京師辛
丑葬襄王王者不書葬此何以書不及時
書過時書重録失時我有往者則書謂使大夫往也惡文公不自往故書

葬以起大夫會之日者僖公成風之喪襄王比加禮故恩録之所以甚責內晉人殺其大夫
先都三月夫人姜氏至自齊出獨致者得禮故與臣子辭月者婦
人危重從始至例晉人殺其大夫士穀及箕鄭父楚
人伐鄭公子遂會晉人宋人衛人許人救
鄭夏狄侵齊秋八月曹伯襄卒九月癸酉
地震地震者何動地也動者震之故傳先言動者喻若物之動地以曉人也
何以書記異也天動地靜者常也地動者象陰爲陽行是時魯文公制於公子遂齊晉失
道四方叛德星孛之萌自此而作故下與此干之變所感同也不傳天下異者從王內録可知冬楚子使
椒來聘椒者何楚大夫也楚無大夫此何
以書始有大夫也入文公所聞世見升平法內諸夏以外夷狄也屈完子玉得臣者以起霸

事此其正也聘而與大夫者本大國始有大夫則何以不氏据屈完氏許
夷狄者不一而足也許與也足其氏則當純以中國禮貴之嫌夷狄質薄不可卒備
故且以漸秦人來歸僖公成風之襚其言僖公成
風何兼之兼之非禮也禮主于敬當各使一使所以別尊卑曷為
不言及成風据及者別公夫人尊卑文也連成風者但問尊卑體當絕非欲上成風使及僖公
成風尊也不可使卑及尊也母尊序在下者明婦人有三從之義少繫父既嫁繫夫夫死繫子葬
曹共公
十年春王三月辛卯臧孫辰卒夏秦伐晉
謂之秦者起令狐之戰敵均不敗晉先昧以師奔秦可以足矣而猶不知止故夷狄之楚殺其大
夫宜申自正月不雨至于秋七月公子遂之所招及

蘇子盟于女栗冬狄侵宋楚子蔡侯次于
屈貉魯恐故書刺微弱也
十有一年春楚子伐圈夏叔彭生會晉郤
缺于承匡秋曹伯來朝公子遂如宋狄侵
齊冬十月甲午叔孫得臣敗狄于鹹狄者
何以日嫌夷狄不能偏戰故問也長狄也蓋長百尺兄弟三人言相類如兄弟一
者之齊一者之魯一者之晉不書者外異也其之齊
者王子成父殺之其之魯者叔孫得臣殺
之經言敗殺不明故復云爾則未知其之晉者也其言敗何
据敗者內戰文非殺一人也大之也長狄之三國皆欲為君長大非一人所能討興師動衆然後殺之如

大戰故就其事言敗其日何据日而言敗與公子友敗莒師同非殺一人文大之也始結日大戰其地何大之也始大戰故也何以書記異也魯成就周道之封齊晉霸尊周室之後長狄之操無羽翮之助別之三國皆欲爲君比象周室衰禮義廢大人無輔佐有夷狄行事以三成不可苟指一故自宣成以往弑君二十八亡國四十

十有二年春王正月盛伯來奔盛伯者何失地之君也何以不名兄弟辭也與郜子同義月者前爲魯所滅今來見歸尤當加意厚遇之杞伯來朝二月庚子子叔姬卒卒者許嫁此未適人何以卒許嫁矣婦人許嫁字而笄之死則以成人之喪治之其稱子何据伯姬卒亦許嫁不稱子貴也其貴柰何母弟也不稱母姊而繫先君

言子者遠別也禮男子不絕婦人之手婦人不絕男子之手夏楚人圍巢秋滕子來朝秦伯使遂來聘遂者何秦大夫也秦無大夫此何以書賢繆公也何賢乎繆公据聘不足與大夫荆人來聘是也以爲能變也其爲能變柰何惟諓諓善竫言諓諓淺薄之貌竫猶撰也俾君子易怠俾使也易怠猶輕惰也而況乎我多有之惟一介斷斷焉無他技一介猶一槩斷斷猶專一也他技奇巧異端也孔子曰攻乎異端斯害也已其心休休休休美大貌能有容能含容賢者逆耳之言是難也是難行也秦繆公自傷前不能用百里子蹇叔子之言感而自變悔遂霸西戎故因其能聘中國善而與之使有大夫子貢曰君子之過也如日月之食焉過也人皆見之更也人皆仰之此之謂也冬十有二月戊午晉人秦人

戰于河曲此偏戰也何以不言師敗績敵也曷爲以水地以水地者謂以水曲折起地遠近所在也据戰于泓不言曲河曲疏矣河千里而一曲也河曲疏以据地明故可以曲地因以起二國之君數興兵相伐戰無已時故不言及不別曲直而地以河曲明兩曲也季孫行父帥師城諸及運書帥師者刺魯微弱臣下不可使邑久不脩不敢徒行興師厲衆然後敢城之言及者別君邑臣邑也

十有三年春王正月夏五月壬午陳侯朔卒不書葬者盈爲晉文諱也晉文雖霸疆會人孤以尊天子自補有餘故復盈爲諱邾婁子蘧篨卒自正月不雨至于秋七月公子遂所致世室屋壞世室者何魯公之廟也魯公周公子伯禽周公稱大廟魯公稱世室羣公稱宮少差異其下者所以上尊周公

此魯公之廟也曷爲謂之世室世室猶世室也世世不毀也魯公始封之君故不毀也周公何以稱大廟于魯据魯公始封也封魯公以爲周公也爲周公故語在下周公拜乎前魯公拜乎後始受封時拜于文王廟也尚書曰用命賞于祖是也父子俱拜者明以周公之功封魯公也曰生以養周公生以魯國供養周公死以爲周公主如周公死當以魯公爲祭祀主加曰者成王始受其茅土之辭禮記明堂位曰封周公於曲阜地方七百里革車千乘蓋以爲有王功故半天子也然則周公之魯乎曰不之魯也封魯公以爲周公主然則周公曷爲不之魯据爲周公者謂生以養周公死以爲周公主周公不之魯則不得供養爲主欲天下之一乎周也周公聖人德至重功至大東征則西國怨西征則東國怨嫌之魯恐天下迴心

趣鄉之故封伯禽命使遥供養死則奔喪爲主所以一天下之心于周室魯祭周公何以爲
牲据廟異也周公用白牲白牲殷牲也周公死有王禮謙不敢與文武同也不以夏黑牡者嫌
改周之文當以夏辟嫌也魯公用騂犅騂犅赤脊周牲也魯公以諸侯不嫌故從周制以脊爲差
羣公不毛不毛不純色所以降于尊祖魯祭周公何以爲盛
据牲異也周公盛盛者新穀魯公燾燾者冒也故上以新也羣公廩廩者
連新於陳〻財令半相連爾此謂方祫祭之時序昭穆之差世室屋壞何以書譏
何譏爾久不脩也簡忽久不以時脩治至令壞敗故譏之言世室者重宗廟詳録之以不務公
室不日者知久不脩當蒙上月冬公如晉衛侯會于沓狄侵衛
十有二月己丑公及晉侯盟還自晉鄭伯
會公于斐還者何善辭也何善爾往黨衛

侯會公于沓至得與晉侯盟反黨鄭伯會
公于斐故善之也黨所也所由時齊人語也文公前危之盟不見序後能救鄭之難不逆王
者之求上得尊尊之義下得解患之恩一出三爲諸侯所榮故加録於其還時皆深善之
十有四年春王正月公至自晉月者爲臣子喜録上事邾
婁人伐我南鄙叔彭生帥師伐邾婁夏五
月乙亥齊侯潘卒不書葬者潘立儲嗣不明乍欲立舍乍欲立商人至使臨葬更相篡
弑故絕其身明當更立其先君之次六月公會宋公陳侯衛侯鄭
伯許男曹伯晉趙盾癸酉同盟于新城盟下
日者刺諸侯微弱信在趙盾秋七月有星孛入于北斗孛者
何彗星也狀如彗其言入于北斗何据大辰不言入又不言孛名

比斗有中也 中者魁中 何以書記異也 孛者邪亂之氣篲者埽故置新之象也比斗天之樞機玉衡七政所出是時桓文迹息王者不能統政自是之後齊晉並爭吳楚更謀競行天子之事齊宋莒魯弒其君而立之應 公至自會晉人納接菑于邾婁弗克納 納者何入辭也其言弗克納何 據言于邾婁與納頓子于頓同俱入國得立辭 大其弗克納也 克勝也鄭伯以勝為大惡此弗勝故為大 何大乎其弗克納 據伐齊納子糾恥不能納 晉郤缺帥師革車八百乘以納接菑于邾婁力沛若有餘 沛有餘貌 而納之邾婁人言曰接菑晉出也貜且齊出也 出外孫也 子以其指 指手指 則接菑也四貜且也六 言俱不得天之正性 子以大國壓之 壓服也服邾婁使從命 則未知

齊晉孰有之也 設齊復興兵來納貜且亦欲服邾婁使從命未知齊晉誰能使外孫有邾婁者 貴則皆貴矣 時邾婁再娶二子母尊同體敵 雖然貜且也長 既兩不得正性又皆貴唯當以年長故立之 郤缺曰非吾力不能納也義實不爾克也 如邾婁人言義不可奪也故云爾 引師而去之故君子大其弗克納也 大其不以已非奪人之是 此晉郤缺也其稱人何貶 據趙鞅納蒯聵不貶 曷為貶不與大夫專廢置君也 據大其弗克納 曷為不與 實與弗克納是 實與而文不與文曷為不與大夫之義不得專廢置君也 不復發上無天子下無方伯傳者諸侯本有錫命征伐憂天下之道故明有亂大夫不得專也接菑不繫邾婁者見挈于郤缺也不氏者本當言邾婁接菑見當國也 九月甲申公孫敖卒于齊

已絕卒之者爲後齊脅魯歸其喪有恥故爲内諱使若尚爲大夫齊公子商人弒其君舍此未踰年之君也其言弒其君舍何据弒其君之子奚齊也連名何之者弒成君未成君但名問例所從也已立之已殺之商人成死者而賤生者也本正當立恐舍緣潘意爲害故先立而弒之惡商人懷詐無道故成舍之君號以賤商人之所爲不解名者言成君可知從成君不日者與卓子同宋子哀來奔宋子哀者何無聞焉爾冬單伯如齊齊人執單伯齊人執子叔姬執者曷爲或稱行人或不稱行人此問諸侯相執大夫所稱例稱行人而執者以其事執也以其所銜奉國事執之晉人執我行人叔孫舍是也不稱行人而執者以已執也已者已大夫自以大夫之罪執之分別之者罪惡各當歸其本單伯

之罪何道淫也惡乎淫淫乎子叔姬時子叔姬嫁當爲齊夫人使單伯送之然則曷爲不言齊人執單伯及子叔姬据夫人婦姜繫公子遂内辭也使若異罪然深諱使若各自以他事見執者不書叔姬歸于齊者深諱以起道淫書單伯如齊者起送叔姬也齊稱人者諱文使若非伯討

十有五年春季孫行父如晉三月宋司馬華孫來盟月者文公微弱大夫秉政宋亦蔽於三世之黨二亂結盟故不與信辭不稱使者宋無大夫官舉者見宋亂也録華孫者明惡一國非以日惡華孫也夏曹伯來朝齊人歸公孫敖之喪何以不言來据齊人來歸子叔姬内辭也脅我而歸之筍將而來也筍者竹箯一名編輿齊魯以北名之曰筍將送也爲叔姬淫惡魯類故取其尸置編輿中傳送而來脅魯令受之故諱不言來起其來有恥不可言來也不月者不以恩録與子叔姬

異

六月辛丑朔日有食之鼓用牲于社是後楚人滅庸宋人弒其君處臼齊人弒其君商人宣公弒子赤莒弒其君庶其單伯至自齊大夫不致此致者喜患禍解也不省去氏者淫當絕使若他單伯至也晉郤缺帥師伐蔡

戊申入蔡入不言伐此其言伐何至之日也其日何据甲寅齊人伐衛日伐也至之日也嫌至日伐不至日入故曰入也主書與甲寅同義

秋齊人侵我西鄙季孫行父如晉冬

十有一月諸侯盟于扈不序不日者順上諱文使若扈之盟都不可得而知

十有二月齊人來歸子叔姬其言來何据齊人歸公孫敖之喪不言來閔之也閔傷其棄絕來歸此有罪何閔爾父母之於子雖有罪猶若其不欲服罪然孔子曰父為子隱子為父隱直在其中矣所以崇父子之親也言齊人不以棄歸為文者令與敖同文相發明叔姬于文公為姊妹言父母者時文公母在明孝子當申母恩也月者閔錄之從無罪例

齊侯侵我西鄙遂伐曹入其郛郛者何恢郭也恢大也郭城外大郭入郛書乎曰不書圍不言入入郛是也入郛不書此何以書動我也諱使若為同姓見入郛故動懼我也動我者何內辭也其實我動焉爾齊侵會魯實為子叔姬故動懼失操云爾鄉者不去幾亦入我郛故舉入郛以起魯恥且明兵之所鄉苟得其罪則莫敢不懼

十有六年春季孫行父會齊侯于陽穀齊侯弗及盟其言弗及盟何据序上會也連盟何者嫌据盟不見與盟也與齊期盟為叔姬故中見簡賤不見與盟侮辱有恥故諱使若行父會而去齊侯不及得與盟故言

齊侯弗及亦所以起齊佐不肯夏五月公四不視朔視朔說在六年不舉不朝廟者禮月終于廟先受朔政乃朝明王敬尊也朝廟私也故以不視朔爲重常以朔者重始也公曷爲四不視朔據無事也公有疾也以不諱舉公知有疾公有疾乃復舉公是也何言乎公有疾不視朔据有疾無惡也自是公無疾不視朔也有疾無惡不當書又不言有疾者欲起公自是無疾不視朔也然則曷爲不言公無疾不視朔有疾猶可言也無疾不可言也言無疾大惡不可言也是後公不復視朔政事委任公子遂六月戊辰公子遂及齊侯盟于犀丘秋八月辛未夫人姜氏薨毀泉臺泉臺者何郎臺也莊公所築臺于郎以郎譏之民之湫浣郎臺則曷爲謂之泉臺未成爲郎臺未成時但以地名之既成爲泉臺既成更以所置名之毀泉臺何以書譏何譏爾築之譏毀之譏先祖爲之己毀之不如勿居而已矣但當勿居令自毀壞不當故毀暴揚先祖之惡也築毀譏同知例皆時楚人秦人巴人滅庸冬十有一月宋人弒其君處臼弒君者曷爲或稱名氏或不稱名氏大夫弒君稱名氏賤者窮諸人賤者謂士也士正自當稱人大夫相殺稱人賤者窮諸盜降大夫使稱人降士使稱盜者所以別死刑有輕重也無尊上非聖人不孝者斬首梟之無營上犯軍法者斬要殺人者刎脰故重者錄輕者略也不日者內娶略賤之

十有七年春晉人衛人陳人鄭人伐宋夏

四月癸亥葬我小君聖姜聖姜者何文公之母也齊侯伐我西鄙六月癸未公及齊侯盟于穀諸侯會于扈秋公至自穀冬公子遂如齊

十有八年春王二月丁丑公薨于臺下秦伯罃卒秦穆公也至此卒者因其賢夏五月戊戌齊人弒其君商人商人弒君賊復見者與大夫異齊人已君事之殺之宜當坐弒君六月癸酉葬我君文公秋公子遂叔孫得臣如齊不舉重者譏魯猥使二大夫出虛國家廢政事重録內也冬十月子卒子卒者孰謂謂子赤也何以不日据子般卒日隱之也何隱爾弒也弒則何以不日据子般卒日不忍言也所聞世臣子恩痛王父深厚故不忍言其日與子般異夫人姜氏歸于齊歸者大歸也夫死子弒賊人立無所歸留故去也有去道書者重絕不復反季孫行父如齊莒弒其君庶其稱國以弒何据莒人弒其君密州稱國以弒者衆弒君之辭一人弒君國中人人盡喜故舉國以明失衆當坐絕也例皆時者略之也

春秋公羊卷第六　經三千五百三十六字
注五千八百一十七字

春秋公羊經傳解詁宣公第七

何休學

元年春王正月公即位繼弒君不言即位此其言即位何其意也 桓公篡成君宣公篡未踰年君嫌其義異故復發傳

公子遂如齊逆女 譏喪娶復書不親迎者嫌觸諱不成其文也有母言如者緣內諱無貶公文

三月遂以夫人婦姜至自齊遂何以不稱公子一事而再見者卒名也 卒竟也竟但舉名者省文

夫人何以不稱姜氏 据僑如以夫人婦姜氏至自齊也經有姜不但問不稱氏者嫌据夫人氏欲使去姜 貶曷為貶 据俱至也 譏喪娶也喪娶者公也則曷為貶夫人 据師還也 內無貶于公之道也 明下無貶上之義

內無貶于公之道則曷為貶夫人 据俱有諱義

夫人與公一體也 一取辱與公共之夫人貶則公惡明矣去氏此於去姜差輕輕可言故不諱貶夫人

其稱婦何 据桓公夫人至不稱婦 有姑之辭也 有姑當以婦禮至無姑當以夫人禮至故分別言之以者見行遂意也見繼重在遂因遠別也月者公不親迎危録之例也

夏季孫行父如齊晉放其大夫胥甲父于衛放之者何猶曰無去是云爾 是是衞 然則何言爾近正也此其為近正奈何古者大夫已去三年待放 古者刑不上大夫蓋以為摘巢毁卵則鳳皇不翔刳胎焚夭則麒麟不至刑之則恐誤刑賢者死者不可復生刑者不可復屬故有罪放之而已所以尊賢者之類也三年者古者疑獄三年而後斷易曰繫用徽纆寘於叢棘三歲不得凶是也自嫌有罪當誅故三年不敢去 君放之

非也曰無去是非也大夫待放正也聽君不去衞正也古者臣
有大喪則君三年不呼其門重奪孝子之恩也禮父母之喪三年
不從政齊衰大功之喪三月不從政故孔子曰夏后氏三年之喪既殯而致事殷人既葬而致事周人卒哭而致事君子
不奪人之親亦不可奪親也已練可以弁冕此說時衰正失非謂禮當然弁禮所謂皮
弁爵弁也皮弁武冠爵弁文冠夏曰收殷曰冔周曰弁加旒曰冕主所以入宗廟服金革之
事謂以兵事使之君使之非也非古道也臣行之禮也臣順君命亦禮
也此與君放之非臣待君放正同故引同類相發明閔子閔子騫以孝聞要絰而服
事禮已練男子除首婦人除帶既而曰若此乎古之道
不即人心既事畢言古者不敢斥君即近也退而致仕退退身也致仕還祿
位于君孔子蓋善之也善其服事外得事君之義致仕內不失親親之恩言古者又孫
順不訕其君也不言君子者時賢者多以爲非唯孔子以爲是公會齊侯于平州
公子遂如齊六月齊人取濟西田外取邑
不書此何以書據曹之不書所以賂齊也魯所以賂遺齊故稱
人共國辭曷爲賂齊據上無戰伐無所謝爲弑子赤之賂也
子赤齊外孫宣公篡弑之恐爲齊所誅爲是賂之故諱使若齊自取之者亦因惡齊取篡者賂當坐取邑未之齊坐
者由律行言許受賂也者惡內甚于邾婁子益月秋邾婁子來朝楚子鄭
人侵陳遂侵宋微者不得言遂遂者楚子之遂也不從鄭人去遂者兵尊者兼將晉
趙盾帥師救陳宋公陳侯衞侯曹伯會晉
師于斐林伐鄭此晉趙盾之師也據上趙盾救陳微者
不能會諸侯曷爲不言趙盾之師據公子遂會晉趙盾于衡雍伊維戎

盟再出名氏 君不會大夫之辭也 時諸侯爲趙盾所會不與卑致尊故正之
去六夫名氏使若更有師也殊會地之者起諸侯爲盾所會 冬晉趙穿帥師侵
柳柳者何天子之邑也 天子之間田也有大夫守之晉與大夫忿爭侵之 曷
爲不繫乎周 據王師敗績于貿戎繫王 不與伐天子也 絕正其義
使若兩國自相伐 晉人宋人伐鄭
二年春王二月壬子宋華元帥師及鄭公
子歸生帥師戰于大棘宋師敗績獲宋華
元 復出宋者非獨惡華元明恥辱及宋國 秦師伐晉 秦稱師者閔其衆惡其將本秦之忿
起殽之戰令襄公繆公已死可以止矣而復伐晉惡其構怨結禍無已 夏晉人宋人衞
人陳人侵鄭秋九月乙丑晉趙盾弒其君

夷獋冬十月乙亥天王崩 匡王
三年春王正月郊牛之口傷改卜牛牛死
乃不郊猶三望其言之何 據食角不言之 緩也 辭間容之故爲
緩不若食角急也別天牲主以角書者譏宣公養牲不謹敬不潔清而災重事至尊故詳錄其簡甚 曷爲
不復卜 據定十五年牛死改卜牛 養牲養二卜 二卜語在下 帝牲
不吉 帝皇天六帝在北辰之中主總領天地五帝羣神也不吉者有災 則扳稷牲而
卜之 先卜帝牲養之有災更引稷牲卜之以爲天牲養之凡當二卜爾復不吉不復郊 帝牲在
于滌三月 滌宮名養帝牲三牢之處也謂之滌者取其蕩滌絜清三牢者各主一月取三月一時足以充其天牲
於稷者唯具是視 視其身體具無災害而已不特養于滌宮所以降稷尊帝
郊則曷爲必祭稷 據郊者主爲祭天 王者必以其祖

配祖謂后稷周之始祖姜嫄履大人迹所生配配食也王者則曷爲必以其祖配据方父事天自內出者無匹不行匹合也無所與會合則不行自外至者無主不止必得主人乃止者天道闇昧故推人道以接之不以文王配者重本尊始之義也故孝經曰郊祀后稷以配天宗祀文王於明堂以配上帝五帝在太微之中迭生子孫更王天下書改卜者善其應變得禮葬匡王楚子伐賁渾戎夏楚人侵鄭秋赤狄侵齊宋師圍曹冬十月丙戌鄭伯蘭卒葬鄭繆公葬不月者子未三年而弒故略之

四年春王正月公及齊侯平莒及郯莒人不肯公伐莒取向此平莒也其言不肯何据取汶陽田不言辭不肯辭取向也爲公取向作辭也恥行義爲利故諱使若莒不肯聽公平伐取其邑以弱之者僞也莒言及郯則此莒不肯起其平也善齊侯者公不能獨平也明齊者惡錄之秦伯稻卒夏六月乙酉鄭公子歸生弒其君夷赤狄侵齊秋公如齊公至自齊冬楚子伐鄭

五年春公如齊夏公至自齊秋九月齊高固來逆子叔姬叔孫得臣卒不日者知公子遂欲弒君爲人臣知賊而不言明當誅冬齊高固及子叔姬來何言乎高固之來据當舉叔姬爲重大夫私事不當書言叔姬之來而不言高固之來則不可禮大夫妻歲一歸宗叔姬歸嫁而與高固來如但言叔姬來而不言高固來則魯負敎戒重不可言故書高固明失敎戒重在固言及者猶公及夫人子公羊子曰其諸爲其雙雙而俱至者與言其雙行匹至似於鳥獸楚

人伐鄭

六年春晉趙盾衛孫免侵陳趙盾弑君此其復見何（据宋督鄭歸生齊崔杼弑其君後不復見）親弑君者趙穿也（復見趙盾者欲起親弑者趙穿非盾）親弑君者趙穿則曷爲加之趙盾不討賊也何以謂之不討賊（据皆去葬日不加弑）晉史書賊曰晉趙盾弑其君夷獋趙盾曰天乎無辜（辜罪也呼天告冤）吾不弑君誰謂吾弑君者乎史曰爾爲仁爲義人弑爾君而復國不討賊此非弑君如何（復反也趙盾不能復應者明義之所責不可辭）趙盾之復國奈何靈公爲無道使諸大夫皆内

朝（禮公族朝於内朝親親也雖有貴者以齒明父子也外朝以官體異姓也宗廟之中以爵爲位崇德也宗人授事以官尊賢也升餕受爵以上嗣尊祖之道也喪紀以服之精麤爲序不奪人之親也）然後處乎臺上引彈而彈之已趨而辟丸（已諸大夫也）是樂而已矣（以是爲笑樂）趙盾已朝而出與諸大夫立於朝有人荷畚（荷負也畚草器若今市所量穀者是也齊人謂之鍾）自閨而出者（宮中之門謂之闈其小者謂之閨從内朝出立于外朝見出閨者知外朝在閨外内朝在閨内可知）趙盾曰彼何也夫畚曷爲出乎閨（彼何者始怪何等物之辭熟視知其爲畚乃言夫畚者賤器何故乃出尊者之閨乎）呼之不至（怪而呼欲問之）曰子大夫也欲視之則就而視之（觀君責已以視人欲以見就爲解也古者士大夫通曰子）趙盾就而視之則赫然死人也（赫然已支解之貌）趙盾

曰是何也曰膳宰也主宰割殽膳者若今大官宰人熊蹯不熟蹯公怒以斗摮而殺之摮猶毄也毄謂旁擊頭項支解將使我棄之趙盾曰嘻趨而入靈公望見趙盾愬而再拜愬者驚貌禮臣拜然後君荅拜靈公先拜者畬出盾入知其欲諫欲以敬拒之使不復言也禮天子為三公下階卿前席大夫興席士式几趙盾逡巡北面再拜稽首頭至地曰稽首頭至手曰拜手趨而出不欲諫君君以拜謝知己意冀當覺寤故出靈公心怍焉怍慙貌慙盾知己過欲殺之於是使勇士某者往殺之某者本有姓字記傳者失之勇士入其大門則無人門焉者入其閨則無人閨焉者焉者於也是無人於閨門守視者也上其堂則無人焉但言焉絕語辭堂不設守視人故不言焉者俯而闚其戶俯俛頭戶室戶方食魚飧勇士曰嘻子誠仁人也吾入子之大門則無人焉入子之閨則無人焉上子之堂則無人焉是子之易也易猶省也子為晉國重卿而食魚飧是子之儉也君將使我殺子吾不忍殺子也雖然吾亦不可復見吾君矣負君命也遂刎頸而死勇士自斷頭也傳極道此者明約儉之衛甚於重門擊柝孔子曰禮與其奢寧儉此之謂也靈公聞之怒滋欲殺之甚滋猶益也衆莫可使往者於是伏甲于宮中召趙盾而食之趙盾之車右祁彌明者國之力士也禮大夫驂乘有車右有御者仡然從乎趙盾而

入佹然壯勇貌放乎堂下而立嫌靈公復欲殺盾故入以爲意禮器記曰天子堂高九尺
諸侯七尺大夫五尺士三尺趙盾已食靈公謂盾曰吾聞子
之劍蓋利劍也子以示我吾將觀焉授君劍當拔而
進其首靈公因欲以推殺之趙盾起將進劍祁彌明自下呼
之曰盾食飽則出何故拔劍於君所趙盾
知之由人曰知之自己知曰覺焉躇階而走躇猶超遽不暇以次靈公有
周狗周狗可以比周之狗所指如意謂之獒犬四尺曰獒呼獒而屬之
獒亦躇階而從之祁彌明逆而踆之以足逆躢曰踆
絶其頷頷口趙盾顧曰君之獒不若臣之獒
也然而宮中甲鼓而起甲即上所道伏甲約勒聞鼓聲當起殺盾有起

于甲中者抱趙盾而乘之欲趨疾走趙盾顧曰吾
何以得此于子猶曰吾何以得此救急之恩於子邪非所以意悟曰子某時
所食活我于暴桑下者也某時者記傳者失之暴桑蒲蘇桑傳道此者明
人當素積恩德趙盾曰子名爲誰後欲報之曰吾君孰爲介
介甲也猶曰我晉君誰爲與此甲兵豈不爲盾乎子之乘矣何問吾名乘之即上
車也猶曰子已上車矣何不疾去而反徐問吾名乎欲令盾免去不望報也趙盾驅而出衆
無留之者明盾賢人不忍殺也且靈公無道民衆不說以致見殺趙穿緣民衆
不說起弑靈公然後迎趙盾而入與之立
于朝復大夫位也即所謂復國不討賊明史得用責之傳極道此上事者明君雖不君臣不可以不臣而立
成公黑臀不書者明以惡夷獆猶不書剽立夏四月秋八月螺先是

宣公伐莒取向公比如齊所致 冬十月

七年春衛侯使孫良夫來盟夏公會齊侯伐萊秋公至自伐萊大旱 為伐萊踰時也 冬公會晉侯宋公衛侯鄭伯曹伯于黑壤

八年春公至自會夏六月公子遂如齊至黃乃復其言至黃乃復何 據公孫敖不言至復又不言乃 有疾也 乃難辭也上言乃復下有卒知以疾為難 何言乎有疾乃復 據公如晉以有疾乃復殺恥以為有疾無惡 譏何譏爾大夫以君命出聞喪徐行而不反 聞喪者聞父母之喪徐行者不忍疾行又為君當使人追代之以喪喻疾者喪尚不當反況於疾乎順經文而重責之言乃不言有疾者有疾猶不得反也敖不言乃者明無所難為重敖當誅遂當絕 辛巳有

事于大廟仲遂卒于垂仲遂者何 據不稱公子故問之 公子遂也 自是後無遂卒知公子遂 何以不稱公子 據公子季友卒雖加字猶稱公子 貶曷為貶 據叔孫得臣卒不貶 為弒子赤貶然則曷為不於其弒焉貶 據翬終隱之篇貶欲使於文十八年子赤卒年中貶 於文則無罪於子則無年 此解十八年秋如齊不貶意也十八年編於文公貶之則嫌有罪於文公無罪於子赤也卒乃貶者元年逆女嫌為喪娶貶也公會平州下如齊嫌公遂八年如齊嫌坐乃復貶也貶加字者起嬰齊所氏明為歸父後大宗不得絕也地者卒外明當有卒外禮也日者不去樂也書有事者為不去樂張本 壬午猶繹萬入去籥繹者何祭之明日也 禮繹繼昨日事但不灌地降神爾天子諸侯曰繹大夫曰賓尸士曰宴尸去事之殺也必繹者尸屬昨日配先祖食不忍輒忘故因以復祭禮則無有誤敬慎之至殷曰肜周曰繹繹者据今日道昨日不敢

斥尊言之文意也形者形形不絕据昨日道今日斥尊言之質意也祭必有尸者節神也禮天子以卿爲尸諸侯以大夫爲尸卿大夫已下以孫爲尸夏立尸殷坐尸周旅酬六尸萬者何干舞也干謂楯也能爲人扞難而不使害人故聖王貴之以爲武樂萬者其篇名武王以萬人服天下民樂之故名之云爾籥者何籥舞也籥所吹以節舞也吹籥而舞文樂之長其言萬入去籥何据入者不言萬去樂不言名去其有聲者不欲令人聞之廢其無聲者廢置也置者不去也齊人語存其心焉爾存其心焉爾者何知其不可而爲之也明其心猶存於樂知其不可故去其有聲者而爲之猶者何通可以已也禮大夫死爲廢一時之祭有事于廟而聞之者去樂卒事卒事而聞之者廢繹日者起明日也言入者据未奏去籥時書凡祭自三年喪已下各以日月廢時祭唯郊社越紼而行事可戊子夫人熊氏薨晉師白狄伐秦楚

人滅舒蓼秋七月甲子日有食之既是後楚莊王圍宋析骸易子伐鄭勝晉鄭伯肉袒晉大敗於邲中國精奪屈服疆楚之應冬十月己丑葬我小君頃熊雨不克葬庚寅日中而克葬頃熊者何宣公之母也熊氏楚女宣公即僖公妾子而者何難也乃者何問定公日下昃乃克葬難也禮卜葬從遠日不克葬見難者臣子重難不得以正日葬其君曷爲或言而或言乃乃難乎而也言乃者內而深言而者外而淺下昃日昳久故言乃孔子曰其爲之也難言之得無訒乎皆所以起孝子之情也雨不克葬者爲不得行葬禮孔子曰生事之以禮死葬之以禮祭之以禮故不得行禮則不葬也魯錄雨不克葬者恩錄內尤深也別朝莫者明見日乃葬也城平陽楚師伐陳

九年春王正月公如齊月者善宣公事齊合古禮卒使齊歸濟西田不

就十年月者五年再朝近得正孔子曰知和而和不以禮節之亦不可行也明雖事人皆當合禮 公至自
齊夏仲孫蔑如京師齊侯伐萊秋取根牟
根牟者何邾婁之邑也曷爲不繫乎邾婁
諱亟也 亟疾也屬有小君之喪邾婁子來加禮未期而取其邑故諱不繫邾婁也上有小君喪而下諱取之
則邾婁加禮明矣未期年從加禮數者猶王子虎從會葬數 八月滕子卒九月晉
侯宋公衛侯鄭伯曹伯會于扈晉荀林父
帥師伐陳辛酉晉侯黑臀卒于扈扈者何
晉之邑也諸侯卒其封内不地此何以地
据陳侯鮑卒不地 卒于會故地也 起時衰多窮厄伐喪而卒於諸侯會上故地危之
未出其地故不言會也 左右皆臣民雖卒於會上危愈於竟外故不復著言

會也出外死有輕重死於師尤甚於會次之如人國次之封内最輕不書葬者篡也 冬十月癸酉
衛侯鄭卒 不書葬者殺公子瑕也 宋人圍滕楚子伐鄭
晉郤缺帥師救鄭陳殺其大夫泄冶
十年春公如齊公至自齊齊人歸我濟西
田齊已取之矣其言我何 据歸讙及闡齊已取不言我 言我
者未絕于我也曷爲未絕于我 据有俄道 齊已
言取之矣 齊已言語許取之 其實未之齊也 其人民貢賦尚屬於
魯實未歸於齊不言來者明不從齊來不當坐取邑凡歸邑物例皆時 夏四月丙辰
日有食之 與甲子既同事重故累食 己巳齊侯元卒齊崔
氏出奔衛崔氏者何齊大夫也其稱崔

氏何据齊高無咎出奔名連崔氏者與尹氏俱稱氏嫌爲采邑貶曷爲貶据外大夫奔不貶譏世卿世卿非禮也復見譏者嫌尹氏王者大夫職重不當世諸侯大夫任輕可世也因齊大國禍著故就可以爲法戒明王者尊莫大於周室彊莫大於齊國世卿猶能危之公如齊不言奔喪者尊內也猶不言朝聘五月公至自齊癸巳陳夏徵舒弑其君平國六月宋師伐滕公孫歸父如齊葬齊惠公晉人宋人衛人曹人伐鄭秋天王使王季子來聘王季子者何天子之大夫也其稱王季子何据叔服不繫王不稱子王札子不稱季貴也其貴柰何母弟也子者王子也天子不言子弟故變文上季繫先王以明之著其骨肉貴體親也公孫歸父帥師伐邾婁取蘱大水先是城平陽取

根牟及蘱役重民怨之所生季孫行父如齊冬公孫歸父如齊齊侯使國佐來聘饑何以書以重書也民食不足百姓不可復興危亡將至故重而書之明當自省減開倉廩贍振之哀公問於有若曰年饑用不足如之何有若對曰盍徹乎曰二吾猶不足如之何其徹也對曰百姓足君孰與不足百姓不足君孰與足楚子伐鄭十有一年春王正月夏楚子陳侯鄭伯盟于辰陵不日月者莊王行霸約諸侯明王法討徵舒善其憂中國故爲信辭公孫歸父會齊人伐莒秋晉侯會狄于欑函離不言會言會者見所聞世治近升平內諸夏而詳錄之殊夷狄也下發傳於吳者方具說其義故從外內悉舉者明言之冬十月楚人殺陳夏徵舒此楚子也其稱人何据下入陳稱子貶曷爲貶据徵舒有罪不與外討也辟天子故貶見之即

所謂貶絕然後罪惡見不與外討者因其討乎外而不與也雖內討亦不與也雖自討其臣下亦不得與也曷爲不與據書爲齊誅之實與不言執與討賊同文而文不與文曷爲不與諸侯之義不得專討也諸侯之義不得專討則其曰實與之何上無天子下無方伯天下諸侯有爲無道者臣弒君子弒父力能討之則討之可也與齊桓專封同義不書兵者時不伐丁亥楚子入陳日者惡莊王討賊之後欲利其國復出楚子者爲下納善不當貶不可因上貶文納公孫寧儀行父于陳此皆大夫也其言納何據納者謂已絕也今寧儀行父上未有出奔絕文故見大夫反言納也納公黨與也徵舒弒君寧儀行父如楚訴徵舒徵舒之黨從後絕其位楚爲討徵舒而納之本以助公見絕故言納公黨與不書徵舒訴絕之者以弒君爲重主書者美楚能變悔改過以遂前功卒不取其國而存陳不繫國者因上入陳可知

十有二年春葬陳靈公討此賊者非臣子也何以書葬據惠公殺里克不書卓子葬君子辭也楚已討之矣臣子雖欲討之而無所討也無所復討也不從殺泄治不書葬者泄治有罪故從討賊書葬則君子辭與泄治罪兩見矣不月者獨寧儀行父有訴楚功上已言納故從餘臣子恩薄略之楚子圍鄭夏六月乙卯晉荀林父帥師及楚子戰于邲晉師敗績大夫不敵君此其稱名氏以敵楚子何據城濮之戰子玉得臣貶不與晉而與楚子爲禮也不與晉而反與楚子爲君臣之禮以

惡晉曷爲不與晉而與楚子爲禮也据城濮之戰敗得臣

者不與楚爲禮莊王伐鄭勝乎皇門勝戰勝皇門鄭郭門放乎路

衢路衢郭內衢道四達謂之衢鄭伯肉袒左執茅旌茅旌祀宗廟所用迎

道神指護祭者斷曰藉不斷曰旌用茅者取其心理順一自本而暢乎末所以通精誠副至意右執鸞

刀鸞刀宗廟割切之刀環有和鋒有鸞執宗廟器者示以宗廟不血食自歸首以逆莊王

曰寡人無良邊垂之臣諸侯自稱曰寡人天子自稱曰朕良善也無善喻有

過言己有過於楚邊垂之臣謙不敢斥莊王以干天禍干犯也謙不敢斥莊王歸之於天是

以使君王沛焉沛焉者怒有餘之貌猶傳曰力沛若有餘辱到敝邑遠自

勞辱到於鄭也諸侯自稱國曰敝邑君如矜此喪人自謂己喪亡錫之不毛

之地墝埆不生五穀曰不毛謙不敢求肥饒使帥一二耋老而綏焉

六十稱耋七十稱老綏安也謙不敢多索丁夫願得主帥一二老夫以自安請唯君王之命

莊王曰君之不令臣交易爲言是亦莊王謙不斥鄭伯之辭令

善也交易猶往來也言君之不善臣數往來爲惡言是以使寡人得見君之

玉面而微至乎此微喻小也積小語言以致於此莊王親自手

旌自以手持旌也緇廣充幅長尋曰旐繼旐如燕尾曰旆加文章曰旗錯華鳥曰旟注旄首曰旌左右撝

軍退舍七里將軍子重諫曰南郢之與鄭

相去數千里南郢楚都不能二千里言數千里者欲深感莊王使納其言諸大夫

死者數人廝役扈養死者數百人艾草爲防者曰廝汲

水漿者曰役養馬者曰扈炊亨者曰養今君勝鄭而不有無乃

失民臣之力乎無乃猶得無莊王曰古者杅不穿

皮不蠹則不出於四方杅飲水器穿敗也皮裘也蠹壞也言杅穿皮蠹乃出四方古者出以方朝聘征伐皆當多少關有所費然後乃行爾喻己出征伐士卒死傷固其宜也不當以是故滅有鄭恥不能早服也是以君子篤於禮而薄於利篤厚也不惜杅皮之費而貴朝聘征伐者厚於禮義薄於財利要其人而不要其土本所以伐鄭者欲要其人服罪過爾不要取其土地據古朝聘欲厚禮義不顧杅皮告從從服從不赦不詳善用心曰詳吾以不詳道民災及吾身何日之有何日之有猶無有日既則晉師之救鄭者至荀林父也曰請戰荀林父請戰莊王許諾將軍子重諫曰晉大國也國大衆強王師淹病矣淹久也諸大夫廝役死者是君請勿許也莊王曰弱者吾威之彊者吾辟之

是以使寡人無以立乎天下以是故必使寡人無以立功名于天下令之還師而逆晉寇言還者時莊王勝鄭去矣會晉師至復還戰也言寇者傳序經意謂晉如寇虜莊王鼓之晉師大敗晉衆之走者舟中之指可掬矣時晉乘舟渡郯水戰兵敗反走欲急去先入舟者斬後扳舟者指指隨舟中自隨郯水中而死可掬者言其多也以兩手曰掬禮天子造舟諸侯維舟卿大夫方舟士特舟莊王曰嘻吾兩君不相好百姓敵大夫戰言兩君者林父本以君命來何罪令之還師而佚晉寇佚猶過使得過渡郯水去也晉見莊王行義於陳功立威行嫉妬欲敗之救鄭鄭解猶擊之不止爲其欲壞楚善行以求上人故爭不使與楚成禮而序林父於上罪起其事言及者以臣及君不嫌晉自明晉汲汲欲敗楚爾陸戰當舉地而舉水者大莊王閔隋水而佚晉寇秋七月冬十有二月戊寅楚子滅蕭日者屬上有王言今反滅人故

深責之 晉人宋人衛人曹人同盟于清丘宋師伐陳衛人救陳

十有三年春齊師伐衛夏楚子伐宋秋螽 先是新饑而使歸父會齊人伐莒賦斂不足國家遂虛下求不已之應 冬晉殺其大夫先縠

十有四年春衛殺其大夫孔達夏五月壬申曹伯壽卒 日者公子喜時父也緣臣子尊榮莫不欲與君父共之故加録之所以養孝子之志許人子者必使父也 晉侯伐鄭秋九月楚子圍宋 月者惡久圍宋使易子而食之 葬曹文公冬公孫歸父會齊侯于穀

十有五年春公孫歸父會楚子于宋 宋見圍不得與會地以宋者善内爲救宋行雖不能解猶爲見人之厄則矜之故養遂其善意不嫌與齊貢解宋同文者下事見刺皆可知 夏五月宋人及楚人平外平不書此何以書 据上楚鄭平不書 大其平乎己也 己二大夫 何大乎其平乎己 据大夫無遂事 莊王圍宋軍有七日之糧爾盡此不勝將去而歸爾於是使司馬子反乘堙而闚宋城宋華元亦乘堙而出見之 堙距堙上城具 司馬子反曰子之國何如華元曰憊矣曰何如 問憊意也 曰易子而食之析骸而炊之 析破骸人骨也 司馬子反曰嘻甚矣憊雖

然雖然言約吾聞之也圍者古者圍有見柑馬而秣之
使肥者應客示飽也是柑者以木銜其口不令食以粟置馬口中
何子之情也人之露情曰何華元曰吾聞之君子見
人之厄則矜之閔矜小人見人之厄則幸之
幸僥吾見子之君子也是以告情于子也
司馬子反曰諾諾者受語辭勉之矣勉為力以守堅吾
軍亦有七日之糧爾盡此不勝將去而歸
爾揖而去之反于莊王反報於王莊王曰何如
司馬子反曰憊矣曰何如曰易子而食之
析骸而炊之莊王曰嘻甚矣憊雖然雖憊已

公羊七

十六

吾今取此然後而歸爾意未已也司馬子反曰
不可臣已告之矣軍有七日之糧爾莊王
怒曰吾使子往視之子曷為告之司馬
子反曰以區區之宋小國數區猶有不欺人之臣
可以楚而無乎是以告之也莊王曰諾
舍而止先語以子反語更命示無去舍築而止雖然吾
猶取此然後歸爾欲待勝宋也已猶司馬子反曰然
則君請處于此臣請歸爾莊王曰子去
我而歸吾孰與處于此吾亦從子而歸
爾引師而去之故君子大其平乎己也大其

恩

此皆大夫也其稱人何貶曷為貶（據大其平）平者在下也（言在下者譏二子在君側不先以便宜反報歸美于君而生事專平故貶稱人等不勿貶不言遂者在君側無遂道也以上坐在君側遂為罪也知經不以文實貶也凡為文實貶者皆以取專事為罪月者專平不易）六月癸卯晉師滅赤狄潞氏以潞子嬰兒歸潞何以稱子（據其滅稱氏）潞子之為善也躬足以亡爾（躬身）雖然君子不可不記也離于夷狄（疾夷狄之俗而去離之故稱子）而未能合于中國（未能與中國合同禮義相親比也故猶繫赤狄）晉師伐之中國不救狄人不有是以亡也（以去俗歸義亡故君子閔傷進之曰子者謂錄之名者示所聞世始錄小國也錄以歸者因可責而責之責而加進之者明不當絕當復其氏）秦人伐晉王札子殺召伯毛伯王札子者何長庶之號也（天子之庶兄札者冠且字也禮天子庶兄冠而不名所以尊之王者王子也天子不言子弟故變文上札繫先王以明之不稱伯仲者辟同母兄弟起其為庶兄也主書者惡天子不以禮尊之而任以權至令殺尊卿二人不言其大夫者挈也惡二大夫爭權之位為下所提挈而殺之大夫相殺不稱人者正之諸侯大夫顧弒君重故降稱人王者至尊不得顧）秋螽（從十三年之後上求未已而又歸父比年再出會內講稅畝百姓動擾之應）仲孫蔑會齊高固于牟婁初稅畝初者何始也稅畝者何履畝而稅也（時宣公無恩信於民民不肯盡力於公田故履踐案行擇其善畝穀最好者稅取之）初稅畝何以書譏何譏爾譏始履畝而稅也何譏乎始履畝而稅（據用田賦不言初亦不言稅畝）古者什一而藉（什一以借民力以什與民自取其一為公田）古者曷為什一而藉（據數非）什一者天下之中

正也多乎什一大桀小桀奢泰多取於民比於桀也寡乎什一大貉小貉蠻貉無社稷宗廟百官制度之費稅薄什一者天下之中正也什一行而頌聲作矣頌聲者太平歌頌之聲帝王之高致也春秋經傳數萬指意無窮狀相須而舉相待而成至此獨言頌聲作者民以食為本也夫飢寒並至雖堯舜躬化不能使野無寇盜貧富兼并雖皋陶制法不能使彊不凌弱是故聖人制井田之法而口分之一夫一婦受田百畝以養父母妻子五口為一家公田十畝即所謂什一而稅也廬舍二畝半凡為田一頃十二畝半八家而九頃共為一井故曰井田廬舍在內貴人也公田次之重公也私田在外賤私也井田之義一曰無泄地氣二曰無費一家三曰同風俗四曰合巧拙五曰通財貨因井田以為市故俗語曰市井種穀不得種一穀以備災害田中不得有樹以妨五穀還廬舍種桑荻雜菜畜五母雞兩母豕瓜果種疆畔女工蠶織老者得衣帛焉得食肉焉死者得葬焉多於五口名曰餘夫餘夫以率受田二十五畝十井共出兵車一乘司空謹別田之高下善惡分為三品上田一歲一墾中田二歲一墾下田三歲一墾肥饒不得獨樂墝埆不得獨苦故三年一換土易居財均力平兵車素定是謂均民力彊國家在田曰廬在邑曰里一里八十戶八家共一巷中里為校室選其耆老有高德者名曰父老其有辯護伉健者為里正皆受倍田得乘馬父老比三老孝弟官屬里正比庶人在官之吏民春夏出田秋冬入保城郭田作之時春父老及里正旦開門坐塾上晏出後時者不得出莫不持樵者不得入五穀畢入民皆居宅里正趨緝績男女同巷相從夜績至於夜中故女功一月得四十五日作從十月盡正月止男女有所怨恨相從而歌飢者歌其食勞者歌其事男年六十女年五十無子者官衣食之使之民間求詩鄉移於邑邑移於國國以聞於天子故王者不出牖戶盡知天下所苦不下堂而知四方十月事訖父老教於校室八歲者學小學十五者學大學其有秀者移於鄉學鄉學之秀者移於庠庠之秀者移於國學學於小學諸侯歲貢小學之秀者於天子學於大學其有秀者命曰造士行同而能偶別之以射然後爵之士以才能進取君以考功授官三年耕餘一年之畜九年耕餘三年之積三十年耕有十年之儲雖遇唐堯之水殷湯之旱民無近憂四海之內莫不樂其業故曰頌聲作矣冬蝝生未有言蝝生者此其言蝝生何蝝即螽也始生曰蝝大曰螽蝝生不書此何以

書幸之也（幸僥幸）幸之者何（闓災當懼反喜非其類故執不知問）猶
曰受之云爾受之云爾者何上變古易常
（上謂宣公變易公田古常舊制而稅畝）應是而有天災（應是變古易常而有天災蝝民
用飢）其諸則宜於此焉變矣（言宣公於此天災饑後能受過變寤明年復古
行中冬大有年其功美過於無災故君子深爲喜而僥幸之變蝝言蝝以不爲災書起其事）饑
十有六年春王正月晉人滅赤狄甲氏及留
吁（言及者留吁行微不進）夏成周宣謝災成周者何東
周也（後周分爲二天下所名爲東周名爲成周者本成王所定名天下初號之云爾）宣謝者
何宣宮之謝也（宣宮周宣王之廟也至此不毀者有中興之功室有東西廂曰廟無東西廂有
室曰寢無室曰謝）何言乎成周宣謝災（据天子之宫繼京師宋災不別所燒）

樂器藏焉爾（宣王中興所作樂器）成周宣謝災何以書
記災也外災不書此何以書新周也（新周故分別所
災不與宋同也孔子以春秋當新王上黜杞下新周而故宋因天災中興之樂器示周不復興故繫宣謝於成周使若國
文黜而新之從爲王者後記災也）秋郯伯姬來歸（嫁不書者爲媵也來歸書者後爲嫡
也死不卒者已棄有更適人之道或時爲大夫妻故不得待以初也棄歸例有罪時無罪月）冬大有年
十有七年春王正月庚子許男錫我卒丁
未蔡侯申卒夏葬許昭公葬蔡文公（不月者齊桓晉
文沒後先背中國與楚故略之與楚在文十年）六月癸卯日有食之（是後邾婁人戕
鄫子四國大夫敗齊師于鞌齊侯逸獲君道微臣道彊之所致）己未公會晉侯衛
侯曹伯邾婁子同盟于斷道秋公至自會

冬十有一月壬午公弟叔肸卒稱字者賢之宣公篡立叔肸不仕其朝不食其祿終身於貧賤故孔子曰篤信好學守死善道危邦不入亂邦不居天下有道則見無道則隱此之謂也禮盛德之士不名天子上大夫不名春秋公子不為大夫者不卒卒而字者起其宜為天子上大夫也孔子曰興滅國繼絕世舉逸民天下之民歸心焉

十有八年春晉侯衛世子臧伐齊公伐杞

夏四月秋七月邾婁人戕鄫子于鄫戕鄫子于鄫者何殘賊而殺之也支解節斷之故變殺言戕戕則殘賊惡無道也言于鄫者剌鄫無守備小國本不卒故亦不日甲戌楚子旅卒何以不書葬據日而名吳楚之君不書葬辟其號也旅即莊王也葬從臣子辭當稱王故絕其葬明當誅之至此卒者因其有賢行公孫歸父如晉

冬十月壬戌公薨于路寢歸父還自晉至檉遂奔齊還者何善辭也何善爾歸父使於晉上如晉是還自晉至檉聞君薨家遣家為魯所逐遣以先人弒君故也墠帷墠地曰墠今齊俗名之云爾將袒踊故設帷重形哭君成踊踊辟踊之禮必踊者如嬰兒之慕母矣成踊三日五哭踊之禮禮臣為君本服斬衰故成踊比二日朝莫哭踊三日朝哭踊莫不復哭踊去事之殺也反命乎介因介反命禮卿出聘以大夫為上介以士為眾介自是走之齊主書者善其不以家見逐怨懟成踊哭君終臣子之道起時莫能然也言至檉者善其得禮於檉言遂者因介反命是也不待報非也遂弒君本當絕小善錄者以暨公同篡之人又不當遂不日者從可逐故從有罪例也

春秋公羊卷第七 經三千八百二十四字 注六千八百一十七字

春秋公羊經傳解詁成公第八

何休學

元年春王正月公即位二月辛酉葬我君
宣公無冰周二月夏十二月尚書曰舒恒燠若易京房傳曰當寒而温倒賞也是時成公幼少季孫行父專權而委任之所致三月作丘甲何以書譏何譏爾譏
始丘使也四井為邑四邑為丘甲謂鎧也譏始使丘民作鎧也古者有四民一曰德能居位曰士二曰辟土殖穀曰農三曰巧心勞手以成器物曰工四曰通財鬻貨曰商四民不相兼然後財用足月者重錄之夏臧孫
許及晉侯盟于赤棘時者謀結舊之戰不相負也後為晉所執不日者執在三年外尋舊盟後非此盟所能保秋王師敗績于貿戎孰敗之
蓋晉敗之以晉比侵柳圍郊知王師討晉而敗之或曰貿戎敗之以地貿戎故然則曷為不言晉敗之据侵柳圍郊言晉王者
無敵莫敢當也正其義使若王自敗于貿戎莫敢當敵敗之也不日月者深正之使若不戰冬十月

二年春齊侯伐我北鄙夏四月丙戌衛孫
良夫帥師及齊師戰于新築衛師敗績
六月癸酉季孫行父臧孫許叔孫僑如公
孫嬰齊帥師會晉郤克衛孫良夫曹公
子手及齊侯戰于鞌齊師敗績曹無大
夫公子手何以書据戰無氏憂內也春秋託王于魯因假以見王法明諸侯有能從王者征伐不義克勝有功當襃之故與大夫大夫敵君不貶者隨從王者大夫得敵諸侯也不從內

言敗之者君子不掩人之功故從外言戰也魯舉四大夫不舉重者惡內多虛國家悉出用兵重録內也秋七月

齊侯使國佐如師己酉及國佐盟于袁婁

君不使乎大夫此其行使乎大夫何據高子來盟魯無君不稱使不從王者大夫稱使者實晉郤克爲主經先晉傳舉郤克是也佚獲也佚獲者已獲而逃亡也當絕賤使與大夫敵體以起之君獲不言師敗績等起不去師敗績者辟內敗文其佚獲奈何

師還齊侯還繞晉郤克投戟逡巡再拜稽首

馬前逢丑父者頃公之車右也人君驂乘有車右有御者

面目與頃公相似衣服與頃公相似禮皮弁以征故言衣服相似頃公有負晉魯之心故特選丑父備急欲以自代代頃公當左升車象陽陽道尚左故人君居左臣居右使頃公取飲頃公操飲而至不知頃公將欲堅敵意邪勢未得去邪

曰革取清者革更也軍中人多水泉濁欲使遠取清者因亡去頃

公用是佚而不反不書獲者內大惡諱逢丑父曰吾賴社

稷之神靈吾君已免矣郤克曰欺三軍者

其法奈何顧問執法者曰法斮斮斬於是斮逢丑父丑父死君不賢之者經有使乎大夫於王法頃公當絕如賢丑父是賞人之臣絕其君也若以丑父故不絕頃公是開諸侯戰不能死難也如以衰世無絕頃公者自齊所當善爾非王法所當貴己酉及齊國佐盟

于袁婁曷爲不盟于師而盟于袁婁據國佐如師

前此者晉郤克與臧孫許同時而聘于

齊不書恥之蕭同姪子者齊君之母也蕭同國名姪子者蕭同君姪娣之子嫁於齊生頃公踊于棓而窺客踊上也凡無高下有絕加躡板曰棓齊人語

則客或跛或眇於是使跛者迓跛者使眇者迓眇者迓迎御主迎者也聘禮賓至大夫率至于館卿致館宰夫朝服致飧餼明訝于館二大夫出相與踦閭而語閭當道門閉一扇開一扇一人在外一人在內曰踦閭將別恨爲齊所侮戲謀伐之而不欲使人聽之移日然後相去齊人皆曰患之起必自此始知必爲國家憂明將見之言不可癈且起頃公不覺兄寤二大夫歸相與率師爲鞌之戰齊師大敗齊侯使國佐如師怪師勝猶不解往問之郤克曰與我紀侯之甗齊襄公滅紀所得甗邑其土肥饒欲得之或說甗玉甑反魯衛之侵地使耕者東畝使耕者東西如晉地且以蕭同姪子爲質見侮戲本由蕭同姪子則吾舍子矣國佐曰與我紀侯之甗請諾反魯衛之侵地請諾使耕者東畝是則土齊也則晉悉以齊爲土地是不可行蕭同姪子者齊君之母也齊君之母猶晉君之母也不可言至尊不可爲質請戰如欲使耕者東西畝質齊君之母當請戰壹戰不勝請再再戰不勝請三言齊雖敗尚可三戰三戰不勝則齊國盡子之有也何必以蕭同姪子爲質揖而去之郤克眣魯衛之使使以其辭而爲之請郤克恥傷其威故使魯衛大夫以國佐辭爲國佐請然後許之逮于袁婁而與之盟逮及也追及國佐于袁婁也傳極道此者本禍所由生因録國佐受命不受辭義可拒則拒可許則許一言使四國大夫汲汲追與之盟八月壬

午宋公鮑卒庚寅衛侯遬卒取汶陽田汶陽田者何鞌之賂也以國佐言反魯衛之侵地請諾本所侵地非一揔繫汶陽者省文也不言取之齊者恥內乘勝脅齊求賂得邑故諱使若非齊邑冬楚師鄭師侵衛十有一月公會楚公子嬰齊于蜀丙申公及楚人秦人宋人陳人衛人鄭人齊人曹人邾婁人薛人鄫人盟于蜀此楚公子嬰齊也其稱人何据會而盟一㪅知一人也得壹貶焉爾得壹貶者獨此一事得具見其惡故貶之爾不然則當沒公也如齊高傒矣不沒公者明不主爲公故也上會不序諸侯大夫者嬰齊楚𡕒政驕蹇臣也數道其君率諸侯侵中國故獨先舉於上乃貶之明本在嬰齊當先誅其本乃及其末

三年春王正月公會晉侯宋公衛侯曹伯伐鄭辛亥葬衛繆公二月公至自伐鄭甲子新宮災三日哭新宮者何宣公之宮也以無新宮知宣公之宮廟宣宮則曷爲謂之新宮不忍言也親之精神所依而災孝子隱痛不忍正言也謂之新宮者因新入宮易其西北角示昭穆相繼代有所改更也其言三日哭何据桓僖宮災不言三日哭廟災三日哭禮也善得禮痛傷鬼神無所依歸故君臣素縞哭之新宮災何以書記災也此象宣公篡立當誅絕不宜列昭穆成公幼少臣威大重結怨彊齊將不得久承宗廟之應乙亥葬宋文公夏公如晉鄭公子去疾率師伐許公至自晉秋叔孫僑如率師圍棘棘者何汶陽之不服邑也棘人初未服於魯其言圍之何据國內兵不舉不聽也不聽

者叛也不言叛者爲內諱故書圍以起之不先以文德來之而便以兵圍之當與圍外邑同罪故言圍也得曰取不得曰圍
大雩成公幼少大臣秉政變亂政教先是作丘甲爲鞌之戰伐鄭圍棘不恤民之所生晉郤克
衞孫良夫伐將咎如冬十有一月晉侯使
荀庚來聘衞侯使孫良夫來聘丙午及
荀庚盟丁未及孫良夫盟此聘也其言
盟何據不舉重嫌生事故此以輕問重也聘而言盟者尋舊盟
也尋猶尋繹也以不與重連聘而言之知尋繹舊故約誓也書者惡之詩曰君子屢盟亂是用長二國既備禮相聘不能相親信反復相疑故舉聘以非之鄭伐許謂之鄭者惡鄭襄公與楚同心數侵伐諸夏自此之後中國盟會無已兵革數起夷狄比周爲黨故夷狄之
四年春宋公使華元來聘三月壬申鄭伯

大百九十二 小三百四十七

五

堅卒杞伯來朝夏四月甲寅臧孫許卒公
如晉葬鄭襄公秋公至自晉冬城運鄭伯
伐許未踰年君稱伯者時樂成君位親自伐許故如其意以著其惡
五年春王正月杞叔姬來歸始歸不書與郯伯姬同仲孫
蔑如宋夏叔孫僑如會晉荀秀于穀梁
山崩梁山者何河上之山也梁山崩何以
書記異也何異爾大也何大爾梁山崩壅
河三日不沇故不日以起之不書壅河者舉崩大爲重外異不書此何
以書爲天下記異也山者陽精德澤所由生君之象河者四瀆所以通道中國與王道同記山崩壅河者此象諸侯失勢王道絕大夫擅恣爲海內害自是之後六十年之中弑君十四亡國三十二故

溴梁之盟徧刺天下之大夫秋大水先是既有丘甲牽棘之役又重以城鄆民怨之所生冬十有一月己酉天王崩定王十有二月己丑公會晉侯齊侯宋公衛侯鄭伯曹伯邾婁子杞伯同盟于蟲牢約備彊楚

六年春王正月公至自會月者前魯大夫獲齊侯今親相見故危之

二月辛巳立武宮武宮者何武公之宮也在春秋前立者何立者不宜立也立武宮非禮也禮天子諸侯立五廟受命始封之君立一廟至於子孫過高祖不得復立廟周家祖有功尊有德立后稷文武廟至於子孫自高祖已下而七廟天子卿大夫三廟元士二廟諸侯之卿大夫比元士二廟諸侯之士一廟立武宮者蓋時衰多廢人事而好求福於鬼神故重而書之臧孫許伐齊有功故立武宮

取鄟鄟者何邾婁之邑也曷為不繫于邾婁諱亟也諱魯背信亟也屬相與為蟲牢之盟旋取其邑故使若非蟲牢人矣

衛孫良夫率師侵宋

夏六月邾婁子來朝公孫嬰齊如晉壬申鄭伯費卒不書葬者為中國諱蟲牢之盟約備彊楚楚伐鄭晉不能救晉又侵之故去葬使若非伐喪

秋仲孫蔑叔孫僑如率師侵宋楚公子嬰齊率師伐鄭

冬季孫行父如晉晉欒書率師侵鄭

七年春王正月鼷鼠食郊牛角改卜牛鼷鼠又食其角乃免牛鼷鼠者鼠中之微者角生上指逆之象易京房傳曰祭天不慎鼷鼠食郊牛角書又食者重錄魯不覺寤重有災也不重言牛獨重言鼠者言角牛可知食牛者未必故鼠故重言

吳伐郯吳國見者罕與中國交至升平乃見故因始見以漸進夏五月曹伯來朝不郊猶三望秋楚公子嬰齊率師伐鄭公會晉侯齊侯宋公衛侯曹伯莒子邾婁子杞伯救鄭八月戊辰同盟于馬陵公至自會吳入州來冬大雩先是公會諸侯救鄭承前不恤民之所致衛孫林父出奔晉

八年春晉侯使韓穿來言汶陽之田歸之于齊來言者何內辭也脅我使我歸之也以此經加之知見使即聞晉語自歸之但當言歸曷為使我歸之据本魯邑鞌之戰齊師大敗齊侯歸弔死視疾七年不飲酒不食肉晉侯聞之曰嘻奈何使人之君七年不飲酒不食肉請皆反其所取侵地晉侯聞齊侯悔過自責高其義畏其德使諸侯還鞌之所喪邑魯見使畢有恥故諱不言使者因兩為其義諸侯不得相奪土地晉適可來議語之魯宜聞義自歸之爾不得使也主書者善晉之義齊晉欒書帥師侵蔡公孫嬰齊如莒宋公使華元來聘夏宋公使公孫壽來納幣納幣不書此何以書据紀履綸來逆女不書納幣錄伯姬也伯姬守節逮火而死賢故詳錄其禮所以殊於眾女晉殺其大夫趙同趙括秋七月天子使召伯來錫公命其稱天子何据天王使毛伯來錫文公命不稱天子元年春王正月正也正者文不變也其餘皆通矣其餘謂不繫于王元年者或言王、

或言天王或言天子皆相通矣以見刺譏是非也王者號也德合元者稱皇孔子曰皇象元逍遥術無文字德明謚德合天者稱帝河洛受瑞可放仁義合者稱王符瑞應天下歸往天子者爵稱也聖人受命皆天所生故謂之天子此錫命稱天子者爲王者長愛幼少之義欲進勉幼君當勞來與賢師良傅如父教子不當賜也月者例也爲魯喜錄之冬十月癸卯杞叔姬卒棄而日卒者爲下脅杞歸其喪張本文使若尚爲杞夫人晉侯使士燮來聘叔孫僑如會晉士燮齊人邾婁人伐郯衛人來媵媵不書此何以書据逆女不書媵也言來媵者禮君不求媵諸侯自媵夫人録伯姬也伯姬以賢聞諸侯諸侯爭欲媵之故善而詳録之媵例時

九年春王正月杞伯來逆叔姬之喪以歸杞伯曷爲來逆叔姬之喪以歸据已棄也内辭也脅而歸之也言已歸者與忿怒執人同辭而不得專其本意知其爲脅也已棄而脅歸其喪悖義恥深惡重故使若杞伯自來逆之公會晉侯齊侯宋公衛侯鄭伯曹伯莒子杞伯同盟于蒲不日者已得鄭盟當以備楚而不以罪執之旋使離叛楚緣隙潰甚不能救禍由中國無信故諱爲信辭使若莒潰非盟失信所以甚中國因與下潰日相起公至自會二月伯姬歸于宋夏季孫行父如宋致女未有言致女者此其言致女何録伯姬也古者婦人三月而後廟見稱婦擇日而祭於禰成婦之義也父母使大夫操禮而致之必三月者取一時足以別貞信貞信著然後成婦禮書者與上納幣同義所以彰其絜且爲父母安榮之言女者謙不敢自成禮婦人未廟見而死歸葬於女氏之黨晉人來媵媵不書此何以書録伯姬也義與上同復發傳者樂道人之善秋七月丙子齊侯無野卒晉人執鄭伯晉欒書帥師伐鄭

冬十有一月葬齊頃公楚公子嬰齊帥
師伐莒庚申莒潰日者録責小國無信同盟不能相救至為夷狄所潰楚
人入運秦人白狄伐晉鄭人圍許城中城
十年春衛侯之弟黑背率師侵鄭夏四
月五卜郊不從乃不郊其言乃不郊何据上不郊不言
乃僖公不從言免牲也不免牲故言乃不郊也不免牲當坐盜天牲失事天之
道故諱使若重難不得郊五月公會晉侯齊侯宋公衛侯
曹伯伐鄭不致者成公數卜郊不從怨懟故不免牲不但不免牲而已故奪臣子辭以起之齊
人來媵媵不書此何以書録伯姬也三國
來媵非禮也曷為皆以録伯姬之辭言之

婦人以衆多為侈也侈大也朝廷侈於妬上婦人侈於妬亡伯姬以至賢為三國所
爭媵故侈大其能容之唯天子娶十二女丙午晉侯獳卒不書葬者殺大夫趙同等秋
七月公如晉如晉者冬也去冬者惡成公前既怨懟不免牲今復如晉過郊乃反遂怨懟無事天之意
當絕之
十有一年春王三月公至自晉晉侯使郤州
來聘己丑及郤州盟夏季孫行父如晉秋
叔孫僑如如齊冬十月
十有二年春周公出奔晉周公者何天子之
三公也王者無外此其言出何自其私土而
出也私土者謂其國也此起諸侯入為天子三公也周公驕蹇不事天子出居私土不聽京師之政天子召之而出

走明當并絕其國故以出國録也不月者小國也夏公會晉侯衛侯于沙澤秋晉人敗狄于交剛冬十月

十有三年春晉侯使郤錡來乞師三月公如京師月者善公尊天子夏五月公自京師遂會晉侯齊侯宋公衛侯鄭伯曹伯邾婁人滕人伐秦其言自京師何据僖公二十八年諸侯遂圍許不言自王所公鑿行也以起公鑿行也鑿猶更造之意公鑿行奈何不敢過天子也時本欲直伐秦途過京師不敢過天子而不朝復生事脩朝禮而後行故起時善而褒成其意使若故朝然後生[illegible]也間無事復出公者善公鑿行曹伯廬卒于師秋七月公至自伐秦月者危公幼[illegible]遠用兵冬葬曹宣公

十有四年春王正月莒子朱卒莒[illegible]大于邾婁至此乃卒者庶其見殺不得卒至此始卒又不得日夏衛孫林父自晉歸于衛秋叔孫僑如如齊逆女凡娶早晚皆不譏者從此君使[illegible]一譏而已鄭公子喜率師伐許九月僑如以夫人婦姜氏至自齊冬十月庚寅衛侯臧卒秦伯卒

十有五年春王二月葬衛定公三月乙巳仲嬰齊卒仲嬰齊者何疑仲遂後故問之公孫嬰齊也未見於經爲公孫嬰齊今爲大夫死見於經爲仲嬰齊公孫嬰齊則曷爲謂之仲嬰齊爲兄後也爲兄後則曷爲謂之仲嬰齊据本公孫爲人後者爲之子也更爲公孫

之子故不得復氏公孫爲人後者爲其子則其稱仲何据氏
非一孫以王父字爲氏也謂諸侯子也顧興滅繼絕故紀族明所出然
則嬰齊孰後後歸父也歸父使于晉而未
反宣公十八年自晉至檉奔齊訖今未還何以後之据已絕也叔仲惠
伯傅子赤者也叔仲者叔彭生氏也文家字積於叔叔仲有長幼故連氏之經云仲者明春秋
質家當積於仲惠謚也文公死子幼子赤幼也公子遂謂叔仲
惠伯曰君幼如之何願與子慮之叔仲惠
伯曰吾子相之老夫抱之禮大夫七十而致事若不得謝則必賜之几杖行役
以婦人從遊四方乘安車自稱曰老夫何幼君之有公子遂知其不
可與謀退而殺叔仲惠伯弒子赤而立宣

公殺叔仲惠伯不書者舉弒君爲重叔仲惠伯事與荀息相類不得爲累者有異也叔仲惠伯直先見殺爾不如荀息
死之宣公死成公幼臧宣叔者相也臧孫許宣謚君
死不哭聚諸大夫而問焉曰昔者叔仲惠
伯之事孰爲之諸大夫皆雜然曰仲氏也
其然乎於是遣歸父之家時見君幼欲以防示諸大夫然後
哭君歸父使乎晉還自晉至檉聞君薨家
遣墠帷哭君成踊反命于介自是走之齊
魯人徐傷歸父之無後也徐者皆共之辭也關東語傷其先人爲惡身見
逐絕不忿懟也於是使嬰齊後之也弟無後兄之義爲亂昭穆之序失父子之親故
不言仲孫明不與子爲父孫癸丑公會晉侯衛侯鄭伯曹伯

宋世子成齊國佐邾婁人同盟于戚晉侯執
曹伯歸之于京師爲篡喜時公至自會夏六月宋
公固卒不日者襲二國媵非禮故略之楚子伐鄭秋八月庚辰
葬宋共公宋華元出奔晉宋華元自晉歸
于宋不省文復出宋華元者宋公卒子幼華元以憂國爲大夫山所譖出奔晉晉人理其罪宋人反華元誅山故繫
大夫之也言歸者明得入無惡宋殺其大夫山不氏者見殺在華元歸後嫌直自見殺者故貶之明
以譖華元故宋魚石出奔楚與山有親恐見及也從得言復入者出無惡知非君爲言魚石
不殺山冬十有一月叔孫僑如會晉士燮齊高
無咎宋華元衛孫林父鄭公子鰌邾婁人
會吳于鍾離曷爲殊會吳据葬不殊外吳也曷
爲外也据襄五年不外之春秋內其國而外諸夏內
諸夏而外夷狄內其國者假魯以爲京師也諸夏外土諸侯也謂之夏者大總下土言之
辭也不殊楚者楚始見所傳聞世尚外諸夏未得殊也至於所聞世可得殊又卓然有君子之行吳似夷狄差醇而
適見於可殊之時故獨殊吳王者欲一乎天下曷爲以外內之
辭言之据大一統言自近者始也明當先正京師乃正諸夏諸夏正乃正夷狄以
漸治之葉公問政於孔子孔子曰近者說遠者來季康子問政於孔子孔子曰政者正也子帥以正孰敢不正是也吳者危錄之諸
侯既委任大夫復命交接夷狄許遷于葉
十有六年春王正月雨木冰雨木冰者何雨
而木冰也何以書記異也木者少陽幼君大臣之象冰者凝陰兵之類也冰脅
木者君臣將執於兵之衛也夏四月辛未滕子卒滕子始卒於宣公日於成

公不名鄬婁始卒於文公日於公名俱葬於昭公是以知滕小襄鄭公子喜帥師侵
宋六月丙寅朔日有食之是後楚滅舒庸晉厲公見弒殺於重故十七年
復食晉侯使欒黶來乞師甲午晦晦者何
冥也何以書記異也此王公失道臣代其治故陰代陽晉侯及楚
子鄭伯戰于鄢陵楚子鄭師敗績敗者稱
師楚何以不稱師据宋公戰于泓敗績稱師王痍也王痍者
何傷乎矢也時爲飛矢所中然則何以不言師敗績
据王痍末言爾末無也無所取於言師敗績也凡舉師敗績爲重衆今親傷人君當舉傷君爲重以言戰
又言敗績知非詐當蒙上日也楚殺其大夫公子側秋公會晉侯
齊侯衛侯宋華元邾婁人于沙隨不見公

公至自會不見公者何公不見見也不見見者意乞師不
得欲執之公不見見大夫執何以致會据不得意邑之會公失序不致
不恥也曷爲不恥据邑之會公失序恥公幼也因公幼殺恥爲諱辭不書行父
執者公不見見已重矣公會尹子晉侯齊國佐邾婁人
伐鄭曹伯歸自京師執而歸者名曹伯
何以不名而不言復歸于曹何据曹伯襄復歸于曹易
也易故末言之不復舉國名其易柰何公子喜時在內也公
子喜時在內則何以易据本篡喜時也公子喜時者
仁人也內平其國而待之和平其臣民令專心于負芻外治
諸京師而免之訟治于京師解免使來歸其言自京師何

據僖二十八年晉之執衛侯歸之于京師後復歸于衛俱天子所歸不言自京師不連歸問者嫌自京師天子有力文言其易欲并問力文歟上詠喜時譜言甚易也舍是無難矣言歸自京師者與內據臣子致公同文欲言甚易也舍此所從還無危難矣主所以見曹伯歸本以喜時平國反之書非録京師有力也執歸書者賢喜時爲尸所箕終無怨心而復深推精誠憂免其難非至仁莫能行之故書起其功也九月晉人執季孫行父舍之于招丘執未有言舍之者此其言舍之何仁之也曰在招丘悕矣悕悲也仁之者若曰在招丘可悲矣閔録之辭執未有言仁之者此其言仁之何代公執也其代公執奈何前此者晉人來乞師而不與不書者不與無惡公會晉侯會沙隨也將執公季孫行父曰此臣之罪也於是執季孫行父成公將會晉厲公謂上伐鄭也言謚者別嬰齊所請也明言公會晉侯者嬰齊所請事也故下與嬰齊傳合同會不當期將執公季孫行父曰臣有罪執其君子有罪執其父此聽失之大者也今此臣之罪也舍臣之身而執臣之君吾恐聽失之為宗廟羞也於是執季孫行父善其過則稱已美則稱君累代公執在危殆之地故地言舍而月之者痛傷忠臣不得其所爲代公執不稱行人者在君側非出使冬十月乙亥叔孫僑如出奔齊十有二月乙丑季孫行父及晉郤州盟于扈行父執釋不致者舉公至爲重公至自會乙酉刺公子偃十有七年春衛北宮結率師侵鄭夏公會

尹子單子晉侯齊侯宋公衛侯曹伯邾婁人伐鄭六月乙酉同盟于柯陵秋公至自會齊高無咎出奔莒九月辛丑用郊用者何用者不宜用也九月非所用郊也周之九月夏之七月天氣上升地氣下降又非郊時故加用之然則郊曷用郊用正月上辛魯郊博卜春三月言正月者因見百王正所當用也三王之郊一用夏正言正月者春秋之制也正月者歲首上辛猶始新皆取其首先之意日者明用辛例不郊則不日或曰用然後郊或曰用者先有事於后稷祈名也晉人將有事於河必先有事於惡池齊人將有事於泰山必先有事於配林魯人將有事於天必先有事於泮宮言力日亦郊於悖禮故言用小大盡譏之以不郊乃譏三望知郊不得譏也以殺牲告牲后稷當在日上不得在日下晉侯使荀罃來乞師冬公會單子晉侯宋公衛侯曹伯齊人邾婁人伐鄭十有一月公至自伐鄭月者方正下壬申故月之壬申公孫嬰齊卒于貍軫非此月日也曷為以此月日卒之據下丁巳朔知壬申在十月待君命然後卒大夫曷為待君命然後卒大夫若昭公出奔辛叔孫者前此者嬰齊走之晉不書者以為公請除出奔之罪也公會晉侯將執公嬰齊為公請公許之反為大夫歸至于貍軫而卒十月壬申日貍軫魯地無君命不敢卒大夫國人未被君命不敢使從大夫禮公至十一月至自伐也曰吾固許之反為大夫許反為大夫即已命矣然後卒之善其不敢自專故引其死月下就公至月卒之起其事所以激當世之驕臣十有二月丁巳朔

春秋公羊經傳解詁襄公第九

何休學

元年春王正月公即位仲孫蔑會晉欒黶宋華元衛甯殖曹人莒人邾婁人滕人薛人圍宋彭城 宋華元曷爲與諸侯圍宋彭城（據晉趙鞅以地正國加叛文今此無加叛文故問之）爲宋誅也（故華元無惡文）其爲宋誅奈何魚石走之楚楚爲之伐宋取彭城以封魚石魚石之罪奈何以入是爲罪也（從在成十八年書者善諸侯爲宋誅雖不能誅猶有屈彊臣之功）楚已取之矣曷爲繫之宋（據莒人伐杞取牟婁後莒牟夷以牟婁來奔不繫杞）不與諸侯

專封也（故奪繫於宋使若宋邑者楚救不書者從封內兵也）夏晉韓厥帥師伐鄭仲孫蔑會齊崔杼曹人邾婁人杞人次于合（刺欲救宋而後不能也不知救鄭者時鄭背中國不能救不得專）秋楚公子壬夫帥師侵宋九月辛酉天王崩邾婁子來朝冬衛侯使公孫剽來聘晉侯使荀罃來聘

二年春王正月葬簡王鄭師伐宋夏五月庚寅夫人姜氏薨六月庚辰鄭伯睔卒（不書葬者）（譏伐喪）晉師宋師衛甯殖侵鄭秋七月仲孫蔑會晉荀罃宋華元衛孫林父曹人邾婁人

于戚己丑葬我小君齊姜齊姜者何齊姜
與繆姜則未知其爲宣夫人與成夫人與〔齊姜者宣公夫人九年繆姜者成公夫人也傳家依違者襄公服繆姜喪未踰年親自伐鄭有惡故傳從內義不正言也〕
叔孫豹如宋冬仲孫蔑會晉荀罃齊崔杼
宋華元衛孫林父曹人邾婁人滕人薛人
小邾婁人于戚遂城虎牢虎牢者何鄭之
邑也〔以下戍繫鄭〕其言城之何〔据外城邑不書〕取之也取之
則曷爲不言取之〔据取牟婁〕爲中國諱也曷爲爲
中國諱〔据莒伐杞取牟婁不爲中國諱〕諱伐喪也曷爲不繫乎
鄭爲中國諱也大夫無遂事此其言遂何
歸惡乎大夫也〔使若大夫自生事取之者即實遂但當言取之〕楚殺其大

夫公子申
三年春楚公子嬰齊帥師伐吳公如晉夏
四月壬戌公及晉侯盟于長樗公至自晉〔盟地者不于都也以晉致者上盟不于都嫌如晉不得入故以晉致起之不別盟得意者成公比失意于晉公獨得容盟得意亦可知〕
六月公會單子晉侯宋公衛侯鄭伯莒
子邾婁子齊世子光己未同盟于雞澤〔盟下日者信在世子光也〕
陳侯使袁僑如會其言如會何〔据曹伯襄言會諸侯鄫子言會盟〕
後會也〔不直言會盟者時諸侯不親與袁僑盟又下方殊及之〕戊寅
叔孫豹及諸侯之大夫及陳袁僑盟曷爲

殊及陳袁僑據俱諸侯之大夫也言之大夫者辟諸侯與大夫皆盟爲其與袁僑盟也陳鄭楚之與國陳侯有慕中國之心有疾使大夫會諸侯欲附疏不復備責遂與之盟共結和親故殊之起主爲與袁僑盟也復出陳者喜得陳國也不重出地有諸侯在臣繫君故因上地秋公至自會冬晉荀罃帥師伐許

四年春王三月已酉陳侯午卒夏叔孫豹如晉秋七月戊子夫人弋氏薨葬陳成公八月辛亥葬我小君定弋定弋者何襄公之母也定弋莒女也襄公者成公之妾子冬公如晉陳人圍頓

五年春公至自晉夏鄭伯使公子發來聘叔孫豹鄫世子巫如晉外相如不書此何

以書據晉郤克與臧孫許同時而聘于齊不書爲叔孫豹率而與之俱也以不殊鄫世子俱言如也叔孫豹則曷爲率而與之俱據非內大夫蓋舅出也巫者鄫前夫人莒女襄公母姊妹之子也俱莒外孫故曰舅出莒將滅之故相與往殆乎晉也殆疑疑讞于晉齊人語莒將滅之則曷爲相與往殆乎晉據當以兵救之取後乎莒也其取後乎莒柰何莒女有爲鄫夫人者蓋欲立其出也時莒女嫁爲鄫後夫人夫人無男有女還嫁之于莒有外孫鄫子愛後夫人而無子欲立其外孫主書者善之得爲善者雖揚父之惡救國之滅者可也仲孫蔑衛孫林父會吳于善稻不殊衛者晉侯欲會吳于戚使魯衛先通好見使畀故不殊並起所恥秋大雩先是襄公數用兵圍彭城城虎牢三年再會四年如晉踰年乃反又賦斂重恩澤不施之所致楚殺其

大夫公子壬夫公會晉侯宋公陳侯衛侯
鄭伯曹伯莒子邾婁子滕子薛伯齊世子
光吳人鄫人于戚吳何以稱人據上善稻之會不稱人
鄫人云則不辭孔子曰言不順則事不成方以吳抑鄫國列在稱人上不以順辭故進吳稱人
所以抑鄫者經書莒人滅鄫又與巫訴巫當存惡鄫文不見見惡必以吳者夷狄尚知父死子繼故以甚鄫也等不使鄫稱國
者鄫不如夷狄故不得與夷狄同文公至自會冬戍陳孰戍之諸
侯戍之曷爲不言諸侯戍之據下救陳言諸侯離至
不可得而序離至離別前後至也陳坐欲與中國被強楚之害中國宜雜然同心救之乃解怠前
後至故不序以剌中國之無信故言我也言我者以魯至時書與魯微者同文微者同文者使若城楚丘
辟魯獨戍之戍例時楚公子貞帥師伐陳公會晉侯宋

公衛侯鄭伯曹伯莒子邾婁子滕子薛伯
齊世子光救陳十有二月公至自救陳辛
未季孫行父卒
六年春王三月壬午杞伯姑容卒始卒便名日書葬者新黜
未忍便略也夏宋華弱來奔秋葬杞桓公滕子來
朝莒人滅鄫莒稱人者莒公子鄫外孫稱人者從莒無大夫也言滅者以異姓爲後莒人當坐滅
也不月者取後于莒非兵滅冬叔孫豹如邾婁季孫宿如晉
十有二月齊侯滅萊曷爲不言萊君出奔
據譚子言奔國滅君死之正也明國當存不書殺萊君者舉滅國爲重
七年春郯子來朝夏四月三卜郊不從乃

免牲小邾婁子來朝城費秋季孫宿如衛
八月螺(先是鄉小邾婁來朝有賓主之賦加以城費季孫宿如衛煩擾之應)冬十月衛
侯使孫林父來聘壬戌及孫林父盟楚公
子貞帥師圍陳十有二月公會晉侯宋公
陳侯衛侯曹伯莒子邾婁子于鄬鄭伯髡
原如會未見諸侯丙戌卒于操操者何鄭
之邑也諸侯卒其封內不地此何以地(据陳侯鮑卒不地)
隱之也何隱爾弒也孰弒之其大夫弒
之曷爲不言其大夫弒之(据鄭公子歸生弒其君夷書)爲中
國諱也曷爲爲中國諱(据歸生弒君不爲中國諱)鄭伯將

會諸侯于鄬其大夫諫曰中國不足歸也
則不若與楚鄭伯曰不可其大夫曰以中
國爲義則伐我喪(据城虎牢事)以中國爲彊則不
若楚(言楚屬圍陳不能救)於是弒之(禍由中國無義故深諱使若自卒)鄭伯
髡原何以名(据陳侯如會不名)傷而反未至乎舍而
卒也(舍昨日所舍止處也以操鄭邑知傷而反也未見諸侯尚往辭知未至舍也云爾者古者保辜諸侯卒名故於
如會名之明如會時爲大夫所傷以傷辜死也君親無將見辜者辜內當以弒君論之辜外當以傷君論之)未見
諸侯其言如會何致其意也(鄭伯欲與中國意未達而見弒故養遂而
致之所以達賢者之心)陳侯逃歸(起鄭伯欲與中國卒逢其禍諸侯莫有恩痛自疾之心於是懼然後逃歸
故書以剌中國之無義加逃者抑陳侯也孔子曰夷狄之有君不如諸夏之亡不當背也)

八年春王正月公如晉月者起鄭之會鄭伯以弑陳侯逃歸公獨脩禮於大國得自安之道故善録之夏葬鄭僖公賊未討何以書葬爲中國諱也探順上事使若無賊然不月者本實當去葬責臣子故不足也鄭人侵蔡獲蔡公子燮此侵也其言獲何据宋師敗績獲宋華元戰乃言獲也侵而言獲者適得之也時適遇值其不備獲得之易不言取之者封內兵不書嫌如子糾取一人故言獲起有兵也又將兵禦難不明候伺雖不戰鬬當坐獲季孫宿會晉侯鄭伯齊人宋人衛人邾婁人于邢丘公至自晉莒人伐我東鄙秋九月大雩由城費公比出會如晉莒人伐我動擾不恤民之應冬楚公子貞帥師伐鄭晉侯使士匃來聘

九年春宋火曷爲或言災或言火大者曰災小者曰火大者謂正寢社稷宗廟朝廷也下此則小矣災者離本辭故可以見火然則內何以不言火据西宮災不言火內不言火者甚之也春秋以內爲天下法動作當先自克責故小有火如大有災何以書記災也外災不書此何以書爲王者之後記災也是時周樂已毀先聖法度浸疏遠不用之應夏季孫宿如晉五月辛酉夫人姜氏薨秋八月癸未葬我小君繆姜冬公會晉侯宋公衛侯曹伯莒子邾婁子滕子薛伯杞伯小邾婁子齊世子光伐鄭十有二月己亥同盟于戲事連上伐不致者惡公服繆姜喪未踰年而親伐鄭故奪臣子

辭

楚子伐鄭

十年春公會晉侯宋公衛侯曹伯莒子邾婁子滕子薛伯杞伯小邾婁子齊世子光會吳于柤夏五月甲午遂滅偪陽公至自會滅日者甚惡諸侯不崇禮義以相安反遂爲不仁開道彊夷滅中國中國之禍連蔓日及故疾録之滅比于取邑例不當書致書致者深諱使若公與上會不與下滅楚公子貞鄭公孫輒帥師伐宋晉師伐秦秋莒人伐我東鄙公會晉侯宋公衛侯曹伯莒子邾婁子齊世子光滕子薛伯杞伯小邾婁子伐鄭冬盜殺鄭公子斐公子發公孫輒不言其大夫者降從盜故與盜同文戍

鄭虎牢孰戍之諸侯戍之曷爲不言諸侯戍之離至不可得而序故言我也刺諸侯既取虎牢以爲蕃蔽不能雜然同心安附之諸侯已取之矣曷爲繫之鄭据莒牟夷以牟婁來奔本杞之邑不繫于杞諸侯莫之主有故反繫之鄭諸侯本無利虎牢之心欲共以距楚爾無主有之者故不當坐取邑故反繫之鄭見其意也所以見之者上諱伐喪不言取今刺戍之舒緩嫌於義反故正之云爾楚公子貞帥師救鄭公至自伐鄭

十有一年春王正月作三軍三軍者何三卿也爲軍置三卿官也卿大夫爵號大同小異方据上卿道中下故揔言三卿作三軍何以書欲問作多書乎作少書乎故復全舉句以問之譏何譏爾古者上卿

下卿上士下士說古制司馬官數古者諸侯有司徒司空上卿各一下卿各二司馬事省上下卿各一上士相上卿下士相下卿足以爲治襄公委任彊臣國家内亂兵革四起軍職不共不推其原乃益司馬作中卿官踰王制故譏之言軍者本以軍數置之月者重録之夏四月四卜郊不從乃不郊成公下文不致此致者襄公但不免牲爾不怨懟無所起鄭公孫舍之帥師侵宋公會晉侯宋公衛侯曹伯齊世子光莒子邾婁子滕子薛伯杞伯小邾婁子伐鄭秋七月己未同盟于京城北公至自伐鄭楚子鄭伯伐宋公會晉侯宋公衛侯曹伯齊世子光莒子邾婁子滕子薛伯杞伯小邾婁子伐鄭會于蕭魚此伐鄭也其言

會于蕭魚何据伐鄭常難今有詳録之文蓋鄭與會爾中國以鄭故三年之中五起兵至是乃服其後無干戈之患二十餘年故喜而詳録其會起得鄭爲重公至自會楚人執鄭行人良霄冬秦人伐晉爲楚救鄭十有二年春王三月莒人伐我東鄙圍台邑不言圍此其言圍何伐而言圍者取邑之辭也伐而不言圍者非取邑之辭也外取邑有嘉惡當書不直言取邑者深恥中國之無信也前九年伐得鄭同盟于戲楚伐鄭不救卒爲鄭所背中國以弱蠻荆以彊兵革亟作蕭魚之會服鄭最難不務長和親復相貪犯故諱而言圍以起之月者加責之季孫宿帥師救台遂入運入運者討叛也封内兵書者爲遂舉討叛惡遂者得而不取與不討同故言入起其事大夫無遂事此其言遂何公不得爲政

爾時公微弱政教不行故季孫宿遂取鄆以自益其邑夏晉侯使士彭來聘
秋九月吳子乘卒至此卒者與中國會同本在楚後賢季子因始卒其父是後亦欲見
其迭爲君卒皆不日吳遠于楚冬楚公子貞帥師侵宋公如晉
十有三年春公至自晉夏取詩詩者何邾
婁之邑也曷爲不繫乎邾婁諱亟也諱背蕭魚之會
亟秋九月庚辰楚子審卒冬城防
十有四年春王正月季孫宿叔老會晉士
匄齊人宋人衛人鄭公孫囆曹人莒人邾
婁人滕人薛人杞人小邾婁人會吳于向
月者危刺諸侯委任大夫交會彊夷臣日以彊三年之後君若贅旒然二月乙未朔日有

食之是後衛侯爲彊臣所逐出奔溴梁之盟信在大夫夏四月叔孫豹會
晉荀偃齊人宋人衛北宮結鄭公孫囆曹
人莒人邾婁人滕人薛人杞人小邾婁人
伐秦己未衛侯衎出奔齊日者爲孫氏甯氏所逐後甯氏復納之出
納之者同當相起故獨日也不書孫甯逐君者舉君絕爲重見逐說在二十七年莒人侵我東
鄙秋楚公子貞帥師伐吳冬季孫宿會晉
士匄宋華閱衛孫林父鄭公孫囆莒人邾
婁人于戚
十有五年春宋公使向戌來聘二月己亥
及向戌盟于劉劉夏逆王后于齊劉夏者

何天子之大夫也劉者何邑也其稱劉何据宰渠伯糾繫官以邑氏也諸侯入爲天子大夫不得氏國稱本爵故以所受采邑氏稱子所謂采者不得有其土地人民采取其租稅爾禮記王制曰天子三公之田視公侯卿視伯大夫視子男元士視附庸稱子者參見義顧爲天子大夫亦可以見諸侯不生名亦可以見爵亦可以見大夫稱傳曰天子大夫是也不稱劉子而名者禮逆王后當使三公故貶去大夫明非禮也外逆女不書此何以書過我也明魯當共送迎之禮夏齊侯伐我北鄙圍成俱犯蕭魚此不月十二年月者疾始可知公救成至遇其言至遇何据季孫宿救台不言所至不敢進也兵不敵不敢進也不言止次如公次于郎以刺之者量力不責重民也故與至攜同文封内兵書者爲不進張本季孫宿叔孫豹帥師城成郛秋八月丁巳日有食之是後溴梁之盟信在大夫齊蔡莒吴衞之禍徧滿天下邾婁人伐我

南鄙冬十有一月癸亥晉侯周卒

十有六年春王正月葬晉悼公三月公會晉侯宋公衞侯鄭伯曹伯莒子邾婁子薛伯杞伯小邾婁子于溴梁戊寅大夫盟諸侯皆在是其言大夫盟何据葵丘之盟諸侯皆在有大夫不言大夫盟信在大夫也故書大夫盟不言諸侯之大夫者起信在大夫何言乎信在大夫据上三年戊寅不起徧刺天下之大夫也曷爲徧刺天下之大夫据戊寅不刺之君若贅旒然旒旂旒贅繫屬之辭若今俗名就壻爲贅壻矣以旂旒喻者爲下所執持東西旒者其數名禮記玉藻曰天子旂十有二旒諸侯九卿大夫七士五不言諸侯之大夫者明所刺者非但會上大夫并徧刺天下之大夫不殊内大夫者欲一其文見惡同也至此所以徧刺之者蕭魚之會

服鄭最難諸侯勞倦莫肯復出而大夫常行三委于臣下君遂失權大夫故得信在故孔子曰唯器與名不可以假人不重出地者與三年雞澤大夫盟同義晉人執莒子邾婁子以歸錄以歸者甚惡晉有罪無罪皆當歸京師不得自治之齊侯伐我北鄙夏公至自會五月甲子地震是時溴梁之盟政在大夫其後叛臣二弒君五楚滅舒鳩齊侯襲莒乖離出奔兵事最甚叔老會鄭伯晉荀偃衛甯殖宋人伐許秋齊侯伐我北鄙圍成大雩先是伐許齊侯圍成動民之應

冬叔孫豹如晉

十有七年春王二月庚午邾婁子瞷卒宋人伐陳夏衛石買帥師伐曹秋齊侯伐我北鄙圍洮齊高厚帥師伐我北鄙圍防九月大雩此年仍見圍不暇恤民之應宋華臣出奔陳冬邾婁

人伐我南鄙

十有八年春白狄來白狄者何夷狄之君也何以不言朝不能朝也夏晉人執衛行人石買秋齊師伐我北鄙冬十月公會晉侯宋公衛侯鄭伯曹伯莒子邾婁子滕子薛伯杞伯小邾婁子同圍齊曹伯負芻卒于師楚公子午帥師伐鄭

十有九年春王正月諸侯盟于祝阿下有執不日者善同伐齊故褒與信辭晉人執邾婁子公至自伐齊此

同圍齊也何以致伐據諸侯圍許致圍未圍齊也致致伐起

未圍齊則其言圍齊何抑齊也曷爲抑齊

据侵蔡伐楚猶不抑爲其亟伐也或曰爲其驕蹇使其

世子處乎諸侯之上也以下並略或說是也亟伐者并數爾加圍者明當從滅亦二等

奪其邑土取邾婁田自漷水其言自漷水何据齊人取濟西田不言自齊水

以漷爲竟也何言乎以漷爲竟据邑已未嘗道竟界

漷移也魯本與邾婁以漷爲竟漷移入邾婁界魯隨而有之諸侯土地本有度數不得隨水隨水有之當坐

取之故云爾季孫宿如晉葬曹成公夏衛孫林父帥

師伐齊秋七月辛卯齊侯瑗卒晉士匄帥

師侵齊至穀聞齊侯卒乃還還者何善辭

也何善爾大其不伐喪也此受命乎君而

伐齊則何大乎其不伐喪据公子買戍衛不卒戍言戍衛遂公意大

夫以君命出進退在大夫也禮兵不從中御外臨事制宜當敵爲師唯

義所在士匄聞齊侯卒引師而去恩動孝子之心義服諸侯之君是後兵寢數年故起時善之言乃者士匄有難重辱君命之

心故見之言至穀者未侵齊也言聞者在竟外舉侵者張本八月丙辰仲孫蔑卒

齊殺其大夫高厚鄭殺其大夫公子喜冬

葬齊靈公不月者抑其父嫌子可得無過故奪臣子恩明代父從政處諸侯之上不孝也城

西郛言西郛者据都城録道東西叔孫豹會晉士匄于柯城

武城

二十年春王正月辛亥仲孫遬會莒人盟

于向夏六月庚申公會晉侯齊侯宋公衛侯鄭伯曹伯莒子邾婁子滕子薛伯杞伯小邾婁子盟于澶淵秋公至自會仲孫遬帥師伐邾婁蔡殺其大夫公子燮蔡公子履出奔楚陳侯之弟光出奔楚（[illegible]在二十三年）叔老如齊冬十月丙辰朔日有食之（自湨梁之盟臣恣日甚故比年日食）季孫宿如宋

二十有一年春王正月公如晉（月者湨梁之盟後中國之無離善公獨能與大國）邾婁庶其以漆閭丘來奔邾婁庶其者何邾婁大夫也邾婁無大夫此何以書（[illegible]）重地也（[illegible]）夏公至自晉晉欒盈出奔楚九月庚戌朔日有食之冬十月庚辰朔日有食之曹伯來朝公會晉侯齊侯宋公衛侯鄭伯曹伯莒子邾婁子于商任十有一月庚子孔子生（時歲在己卯）

二十有二年春王正月公至自會（月者危公諱還隨有邾婁也又受其叛臣邑而今與會不於上會月皆與日食同月不得復見）夏四月秋七月辛酉叔老卒冬公會晉侯齊侯宋公衛侯鄭伯曹伯莒子邾婁子滕子薛伯杞伯小邾

婁子于沙隨公至自會楚殺其大夫公子追舒

二十有三年春王二月癸酉朔日有食之

三月己巳杞伯匄卒夏邾婁鼻我來奔邾婁鼻我者何邾婁大夫也邾婁無大夫此何以書以近書也以奔無他義知以治近升平書也所傳聞世見治始起外諸夏錄大略小大國有大夫小國略稱人所聞之世內諸夏治小如大廩廩近升平故小國有大夫治之漸也見於邾婁者自近始也獨舉一國者時亂實未有大夫治亂不失其實故取足張法而已葬杞孝公陳殺其大夫慶虎及慶寅陳侯之弟光自楚歸于陳前為二慶所譖出奔楚楚人治其罪陳人誅二慶反光故言歸宋大夫山譖華元貶此不貶者殺二慶而光歸譖光可知

晉欒盈復入于晉入于曲沃曲沃者何晉之邑也其言入于晉入于曲沃何据當舉重欒盈將入晉晉人不納由乎曲沃而入也欒盈本欲入晉篡大夫位晉人不納更入於曲沃得其士衆以入晉國曲沃大夫當坐故復言入篡大夫位例時秋齊侯伐衛遂伐晉八月叔孫豹帥師救晉次于雍渝曷為先言救而後言次据次于聶北救邢先通君命也惡其不遂君命而專止次故先通君命言救己卯仲孫遬卒冬十月乙亥臧孫紇出奔邾婁晉人殺欒盈曷為不言殺其大夫据篡得大夫之位非其大夫也明非君所置不得為大夫無大夫文而殺之稱人者從討賊辭大其除亂也齊侯襲莒

二十有四年春叔孫豹如晉仲孫羯帥師侵齊夏楚子伐吴秋七月甲子朔日有食之既（是後楚滅舒鳩齊崔杼衛甯喜弑其君）齊崔杼帥師伐莒大水（前此叔孫豹救晉仲孫羯侵齊比與師衆民怨之所生）八月癸巳朔日有食之（與甲子同）公會晉侯宋公衛侯鄭伯曹伯莒子邾婁子滕子薛伯杞伯小邾婁子于陳儀冬楚子蔡侯陳侯許男伐鄭公至自會陳鍼宜咎出奔楚叔孫豹如京師大饑（有死傷曰大饑無死傷曰饑）

二十有五年春齊崔杼帥師伐我北鄙夏五月乙亥齊崔杼弑其君光公會晉侯宋公衛侯鄭伯曹伯莒子邾婁子滕子薛伯杞伯小邾婁子于陳儀六月壬子鄭公孫舍之帥師入陳（日者陳鄭俱楚之與國今鄭背楚入陳明中國當憂助鄭以離楚弱陳故爲中國憂録之）秋八月己巳諸侯同盟于重丘（會盟再出不舉重者起諸侯欲誅崔杼故詳録之）公至自會衛侯入于陳儀陳儀者何衛之邑也曷爲不言入于衛（據與鄭突入櫟同）諼君以弑也（以先言入後言弑也時衛侯爲剽所簒逐不能以義自復詐願居見邑爲剽臣然後候閒伺便使甯喜弑之君子恥其所爲故就爲臣以諼君惡之未得國言入者起詐簒從此始）楚屈建帥師滅舒鳩冬鄭公孫蠆帥師伐陳十有二月

二十有四年春叔孫豹如晉仲孫羯帥師侵齊夏楚子伐吳秋七月甲子朔日有食之既是後楚滅舒鳩齊崔杼衛甯喜弒其君齊崔杼帥師伐莒大水前此叔孫豹救晉仲孫羯侵齊比與師衆民怨之所生八月癸巳朔日有食之與甲子同公會晉侯宋公衛侯鄭伯曹伯莒子邾婁子滕子薛伯杞伯小邾婁子于陳儀冬楚子蔡侯陳侯許男伐鄭公至自會陳鍼宜咎出奔楚叔孫豹如京師大饑有死傷曰大饑無死傷曰饑

二十有五年春齊崔杼帥師伐我北鄙夏五月乙亥齊崔杼弒其君光公會晉侯宋公衛侯鄭伯曹伯莒子邾婁子滕子薛伯杞伯小邾婁子于陳儀六月壬子鄭公孫舍之帥師入陳日者陳鄭與楚之與國今鄭背楚入陳明中國當憂助鄭以離楚弱陳故爲中國憂錄之秋八月己巳諸侯同盟于重丘會盟再出不舉重者起諸侯欲誅崔杼故詳錄之公至自會衛侯入于陳儀陳儀者何衛之邑也曷爲不言入于衛据與鄭突入櫟同諼君以弒也以先言入後言弒也時衛侯爲剽所篡遂不能以義自復許願居是邑爲剽臣然後候閒伺便使甯喜弒之君子恥其所爲故就爲臣以諼君惡之未得國言入者起詐篡從此始楚屈建帥師滅舒鳩冬鄭公孫蠆帥師伐陳十有二月

吳子謁伐楚門于巢卒門于巢卒者何入門乎巢而卒也入門乎巢而卒者何入巢之門而卒也以先言門後言于巢吳子欲伐楚過巢不假塗卒暴入巢門門者以爲欲犯巢而射殺之君子不怨所不知故與巢得殺之使若吳爲自死文所以彊守禦也書伐者明持兵入門乃得殺之吳子謁何以名据諸侯伐人不名傷而反未至乎舍而卒也以名卒閒無事知以傷辜死還就張本文代名知傷而反卒繫巢知未還至舍巢不坐殺復見辜者辜內當以弒君論之辜外當以傷君論之

二十有六年春王二月辛卯衛甯喜弒其君剽甯喜爲衛侯衎弒剽不舉衎弒剽者諼成于喜衛孫林父入于戚以叛衎盜國林父未君事衎言叛者林父本逐衎衎入故叛叛衎得誅之猶定公得誅季氏故正之云爾甲午衛侯衎復歸于衛此諼君以弒也其言復歸何据齊陽生至陳乞家時書入于齊不書以歸復歸者入無惡文惡剽也主惡剽衛侯入無惡則剽惡明矣曷爲惡剽据齊陽生不書歸惡舍剽之立於是未有說也凡篡立皆緣親親也剽以公孫立於是位尤非其次故衛人未有說喜由此得成諼禍故惡以爲戒也篡重不書反惡此者因重不得書故得惡輕亦欲以見重然則曷爲不言剽之立据衛人立晉不言剽之立者以惡衛侯也欲起衛侯失衆出奔故不書剽立剽立無惡則衛侯惡明矣日者起甯氏復納之故出入同文也甯喜弒君而衛侯歸則甯氏納之明矣以歸出奔俱日知出納之者同衛侯歸而孫氏叛孫氏不與甯氏共逐之亦可知也名者起盜國盜國明則復歸爲惡剽出見矣夏晉侯使荀吳來聘公會晉人鄭良霄宋人曹人于澶淵秋宋公殺其世子痤痤有罪故平公書葬晉人

執衛甯喜此執有罪何以不得爲伯討據甯
喜弑君者稱人不得非伯討不以其罪執之也明不得以爲功當坐執人八月
壬午許男甯卒于楚冬楚子蔡侯陳侯伐
鄭葬許靈公
二十有七年春齊侯使慶封來聘夏叔孫
豹會晉趙武楚屈建蔡公孫歸生衛石惡
陳孔瑗鄭良霄許人曹人于宋衛殺其大
夫甯喜衛侯之弟鱄出奔晉衛殺其大夫
甯喜則衛侯之弟鱄曷爲出奔晉據與射姑同爲
殺甯喜出奔也曷爲爲殺甯喜出奔據非同姓
[illegible] 公羊 七 六十七 [illegible]
衛甯殖與孫林父逐衛侯而立公孫剽甯
殖病將死謂喜曰黜公者非吾意也孫氏
爲之黜猶出逐我即死女能固納公乎固猶必也喜者甯子殖本與孫
氏共立剽而孫氏獨得其權故有此言喜曰諾甯殖死喜立爲大夫
使人謂獻公曰黜公者非甯氏也孫氏爲
之吾欲納公何如獻公曰子苟欲納我吾
請與子盟盟者欲堅固喜意喜曰無所用盟時喜見獻公多詐欲使公
子鱄保之故辭不肯盟曰臣納君義也無用爲盟矣請使公子鱄約之喜素信鱄以爲
鱄能保獻公獻公謂公子鱄曰甯氏將納我吾欲
與之盟其言曰無所用盟請使公子鱄約

之子固爲我與之約矣公子鱄辭曰夫負羈縶縶馬絆也執鈇鑕從君東西南北則是臣僕庶孽之事也僕從者庶孽衆賤子猶樹之有孽生若夫約言爲信則非臣僕庶孽之所敢與也鱄見獻公多詐不敢保獻公欲以此語迫從令必約之公怒曰黜我者非甯氏與孫氏凡在爾公子鱄不得已而與之約已約歸至殺甯喜獻公歸至國背約殺甯喜公子鱄挈其妻子而去之慙恚不能保獻公將濟于河攜其妻子攜猶提也而與之盟恐乘舟有風波之害己意不得展故將濟豫與之盟曰苟有履衛地食衛粟者昧雉彼視昧割也時割雉以爲盟猶曰視彼割雉負此盟則如彼矣傳極道此者見獻公無信刺鱄兄爲彊臣所逐既不能救又移心事剽背爲甯約獻公雖復因喜得反誅之小負未爲大惡而深以自絕所謂守小信而忘大義拘小介而失大忠不爲君漏言者而漏言當坐殺大夫不得以正葬正葬明喜有罪

秋七月辛巳豹及諸侯之大夫盟于宋曷爲再言豹據盟于首戴不再出公殆諸侯也殆危也危諸侯故再出豹懼錄之曷爲殆諸侯據首戴不殆爲衛石惡在是也曰惡人之徒在是矣衛侯衎不信而使惡臣石惡來故深爲諸侯危懼其將負約爲禍原先見此者衎負鱄殺喜得書葬嫌於義絕可欲起其小負會盟再出不舉重者方再出豹也石惡惡者下出奔是也

冬十有二月乙亥朔日有食之是後閽殺吳子餘祭蔡世子般弒其君莒人弒其君之應

二十有八年春無冰豹竊爲政之所致夏衛石惡出奔晉邾婁子來朝秋八月大雩公方欲如楚先是豫賦于民之所致仲

孫羯如晉冬齊慶封來奔十有一月公如
楚（如楚皆月者危公朝夷狄也）十有二月甲寅天王崩（靈王）乙
未楚子昭卒（乙未與甲寅相去四十二日蓋閏月也葬以閏數卒不書閏書葬月明葬三年之喪始死得以閏數非死月不得數閏）
二十有九年春王正月公在楚何言乎公
在楚（据公十一年正月公在晉不書）正月以存君也（正月歲終而復始臣子喜其君父與歲終而復始執贄存之故言在在晉不書在楚書者襄公久在夷狄為臣子危錄之）夏五月公
至自楚庚午衛侯衎卒閽弑吳子餘祭閽
者何門人也（守門人號）刑人也（以刑為閽古者肉刑墨劓臏宮與大辟而五孔子曰三皇設言民不違五帝畫象世順機三王肉刑揆渫加應世黠巧姦偽多）刑人則曷為謂之
閽（据非刑人名）刑人非其人也（以刑人為閽非其人故變盜言閽）君子不
近刑人近刑人則輕死之道也（刑人不自賴而用作閽由之出入卒為所殺故以為戒不言其君者公家不畜士庶不友放之遠地欲去聽所之故不繫國不繫國故不言其君）仲孫
羯會晉荀盈齊高止宋華定衛世叔齊鄭
公孫段曹人莒人邾婁人滕人薛人小邾
婁人城杞（書者杞時微善能城之者後）晉侯使士鞅來聘杞
子來盟（貶稱子者微弱不能自城社稷宗廟當坐善諸侯城之復貶者諸侯自閔而城之非杞能以善道致諸侯）吳子使札來聘吳無君無大夫此何以
有君有大夫（据向之會稱國）賢季子也何賢乎季子（据聘不足賢而使賢有君有大夫荊人來聘是也）
讓國也其讓國奈何謁

也餘祭也夷昧也與季子同母者四與并也并季子四人季子弱而才兄弟皆愛之同欲立之以爲君謁曰今若是迮而與季子國迮起也倉卒意季子猶不受也請無與子而與弟弟兄迭爲君迭猶更也而致國乎季子皆曰諾故諸爲君者皆輕死爲勇飲食必祝祝因祭祝也論語曰雖疏食菜羹瓜祭是也曰天苟有吳國猶曰天誠欲有吳國尚與賢弟尚速有悔於予身尚猶努力速疾也悔咎予我也欲急致國于季子意故謁也死餘祭也立故迭爲君餘祭也死夷昧也立夷昧也死則國宜之季子者也季子使而亡焉僚者長庶也即之緣兄弟相繼而即位所以不書僚簒者緣季子之心惡以己之是揚兄之非故爲之諱所以起至而君之季子使而反至而君之爾己不爲讓國者僚得國無所讓闔廬曰先君之所以不與子國而與弟者凡爲季子故也將從先君之命與則國宜之季子者也如不從先君之命與則我宜立者也僚惡得爲君乎於是使專諸刺僚闔廬謁之長子光專諸膳宰僚耆炙魚因進魚而刺之而致國乎季子季子不受曰爾弒吾君吾受爾國是吾與爾爲簒也爾殺吾兄吾又殺爾是父子兄弟相殺終身無已也凡弟相殺者謂闔廬爲季子殺僚去之延陵延陵吳下邑禮公子無去國之義故

不越竟終身不入吳國不入吳朝既不忍討闔廬義不可留事故君子以
其不受爲義以其不殺爲仁故大其能去以其不以貧賤苟止故推二
事與之賢季子則吳何以有君有大夫據其本不賢其君
以季子爲臣則宜有君者也方以季子賢許使有臣有大夫故宜有君
札者何吳季子之名也春秋賢者不名此
何以名許夷狄者不壹而足也故降字而名季子
者所賢也曷爲不足乎季子許人臣者必
使臣許人子者必使子也緣臣子尊榮莫不欲與君父共之字季子則遠
其君夷狄常例離君父辭故不足以隆父子之親厚君臣之義季子讓在殺僚後豫於此賢之者移讓于闔盧不可以見讓故
復因聘起其事秋九月葬衛獻公齊高止出奔北燕

冬仲孫羯如晉
三十年春王正月楚子使薳頗來聘月者公數如晉
希見答今見聘故喜録之夏四月蔡世子般弑其君固不日者深
爲中國隱痛有子弑父之禍故不忍言其日五月甲午宋災伯姬卒伯姬守禮
含悲極思之所生外災例時此日者爲伯姬卒日天王殺其弟年夫王者得專殺書
者惡失親親也未三年下去王者者惡不思慕而殺弟不與子行也不從直稱君者舉重也甚殺意欲以失子行録設但殺弟
不能書是也不爲諱者年夫有罪王子瑕奔晉稱王子者惡天子重失親親秋七月
叔弓如宋葬宋共姬外夫人不書葬此何
以書隱之也何隱爾宋災伯姬卒焉說在下也
其稱謚何据葬紀伯姬不言謚賢也何賢爾宋災伯姬

存焉有司復曰火至矣請出伯姬曰不可吾聞之也婦人夜出謂有事宗廟不見傅母不下堂禮后夫人必有傅母所以輔正其行衛其身也選老大夫爲傅選老大夫妻爲母傅至矣母未至也逮乎火而死故賢而錄其謚鄭良霄出奔許自許入于鄭鄭人殺良霄冬十月葬蔡景公賊未討何以書葬君子辭也君子爲中國諱使若加弑月者弑父比髡原弑尤重故見諱辭晉人齊人宋人衛人鄭人曹人莒人邾婁人滕人薛人杞人小邾婁人會于澶淵宋災故宋災故者何諸侯會于澶淵凡爲宋災故也會未有言其所爲者此言

所爲何録伯姬也重録伯姬之賢爲諸侯所閔憂諸侯相聚聚斂也相聚斂財物而更宋之所喪更復也[illegible]今俗名解宋之所[illegible]更[illegible]曰死者不可復生爾財復矣復言物故時諸侯共[illegible]復其所喪此大事也曷爲使微者據詳録故爲故卿也卿則其稱人何貶曷爲貶據善事也卿不得憂諸侯也時雖名諸侯使之恩實從卿發故貶起其事明大夫之義得憂內不得憂外所以抑臣道也宋憂內并貶者非救危已禁作福也

三十有一年春王正月夏六月辛巳公薨于楚宮公朝楚好其宮歸而作之故名之云爾作不書者見者不復見秋九月癸巳子野卒己亥仲孫羯卒冬十月滕子來會葬此書者與叔服同義癸酉葬我君襄公十有一月莒

人弑其君密州莒子納去疾及展立莒子廢之展因國人攻莒子殺之去疾奔齊稱人以弑者莒無大夫密州爲君惡民所賤故稱國以弑之

春秋公羊卷第九

經五千字三万四千六百八十
注五千二百七十一字五字